ARUPの仕事論

世界の建築エンジニアリング集団

著｜アラップ＋日経アーキテクチュア

－ 世界都市のランドマークとなる建物の設計や、前例のない技術に挑戦するプロジェクトとなれば、どれほど著名な建築家も多大なプレッシャーを受ける。そのとき、専門知識を持つアドバイザーとして、あるいは同じ未来を見つめて共闘する戦友として、多くの場面でエンジニアリングのパートナーにアラップが選ばれてきた。

－ なぜそれほどまでにアラップには信頼が集まるのか。同社は構造やファサード、環境設備といった建築エンジニアリングに加えて、土木エンジニアリングやコンサルティングなどでも専門知識と技術を提供して実績を積んできた。

－ 高い専門性がある一方で、プロジェクトの目的や課題に対しては国内外のエンジニアが分野を超えて横断的に意見を交わし、建物とその未来においてベストな答えを探り出す。意匠に限らず、設計プロセスや運営利用などプロジェクトにまつわる事柄全体に、社員全員が意識を張り巡らせる、「トータルデザイン」と呼ぶ考え方を大事にしていることが特徴だ（詳細は220ページ「あとがき」をご覧いただきたい）。1つの分野で著名な専門会社は数々あれど、アラップほどの総合力と機動力は、他社が容易に追随できるものではないだろう。

－ こうした「総合エンジニアリング会社」は現在、日本では稀有な存在だ。しかし日本も、脱炭素化やストック活用などが急務の課題となり、建築や都市を取り巻く環境は年々複雑化している。その状況は今後も加速すると考えられ、建物と技術、そして社会を"トータル"に捉えられる存在はますます必要になるのではないだろうか。

－ 本書は、日経BPのウェブサイト「日経クロステック」（https://xtech.nikkei.com）で人気連載中の「アラップ・トータルデザインの舞台ウラ」から抜粋した内容に、書き下ろしを加えた。連載は同サイトの前身となる「日経アーキテクチュア・ウェブ」や「ケンプラッツ」にも掲載。アラップが携わった海外プロジェクトについて菊地雪代氏をはじめとする同社のプロジェクトマネージャーや専門エンジニアが執筆し、一般記事ではあまり触れられないエンジニアリングのエッセンスを伝

えるというコンセプトを維持してきた。おかげさまで読者には熱心なファンも多い。2012年から9年以上続き、21年末時点で93回を迎える。そのうち30件を抜粋して本書に収録した。

－ 本書においては、世界でアラップが手掛けたビッグプロジェクトの数々をPART 2にまとめた。これからの社会に欠かせない5つのキーワード、ストラクチャー、サステナビリティー、リノベーション、インフラストラクチャー、デジタライゼーションを軸に、ウェブ記事を再構成している。

－ また記事中には、竣工後だけでなく工事途中の写真やシミュレーションの図など、アラップだからこそお見せできる貴重な資料も数多く収録している。

－ 続くPART 3では、隈研吾建築都市設計事務所、坂茂建築設計と協働したプロジェクトをまとめた。日本建築家の海外案件をサポートするのもアラップの仕事の1つだからだ。

－ 実際にアラップのエンジニアに会うと、それぞれ仕事に対して確固とした矜持を持っている印象を受ける。彼らの「仕事論」をより理解してもらうためには、書き下ろし部分を読んでもらいたい。日本を代表する建築家である伊東豊雄氏、藤本壮介氏と、アラップの荻原廣高氏、金田充弘氏でそれぞれ行ったPART 1の鼎談、同社東京事務所の代表やエンジニアたちにインタビューしたPART 4がある。

－ 結果的に、建築の本ではあるが、これまでアラップを知らなかった人や、専門外の人でもつい読み込んでしまうような内容に仕上がったと思う。プロフェッショナル同士がコラボレーションをしてデザインを形にしていく——そうした仕事に携わる人、また目指す人たちに、アラップと彼らのエンジニアリングやプロジェクトの面白さが届くことを願っている。

－ ［編著者］
菅原 由依子
日経クロステック／日経アーキテクチュア副編集長

目次

PART **3** 日本建築家との協働

PART **4** Arupエンジニアのインタビュー

＊ 記事中の情報は、原則として執筆時点のものですが、一部必要な情報については更新しました。
　収録した主な記事の初出は、巻末の「記事初出一覧」をご参照ください。

|鼎談1| 伊東豊雄氏×荻原廣高氏×金田充弘氏

［アラップ｜環境設備エンジニア］　［アラップ｜構造エンジニア］

エンジニアとの 打ち合わせは真剣勝負

PART

1

長年、日本建築界のトップを走ってきた伊東豊雄氏。

建築界のノーベル賞といわれるプリツカー建築賞を受賞し、

自身が構えた設計事務所は2021年に50周年を迎えた。

伊東氏が20年以上信頼を寄せるのが、アラップのエンジニアリングだ。

最近では、国内で「みんなの森 ぎふメディアコスモス」(岐阜市、15年完成)、

海外で「台中国家歌劇院」(台湾・台中市、16年完成)で協働した。

「建築家は、エンジニアとの打ち合わせの瞬間にアイデアを出せないとだめだ」。

伊東氏が、師である建築家の菊竹清訓(1928年−2011年)から学び、

今もスタッフに伝えている言葉だ。

伊東氏とアラップの2人のエンジニアは、

過去のプロジェクトを振り返りつつ、今後の挑戦について語り合った。

伊東豊雄｜いとう とよお｜1941年生まれ。65年東京大学工学部建築学科卒業。71年アーバンロボット設立。
79年伊東豊雄建築設計事務所に改称。2005年−くまもとアートポリスコミッショナー。
手掛けた主なプロジェクトは、「シルバーハット」(1984年)、「せんだいメディアテーク」(2000年)、
「みんなの森 ぎふメディアコスモス」(15年)、「台中国家歌劇院」(16年)など。
日本建築学会賞、ヴェネチア・ビエンナーレ金獅子賞、プリツカー建築賞などを受賞。2011年に私塾「伊東建築塾」を設立。

荻原廣高｜おぎはら ひろたか｜プロフィルはP.222に
金田充弘｜かなだ みつひろ｜プロフィルはP.222に

聞き手＝菅原由依子／日経アーキテクチュア

—— アラップとはいつから付き合いが始まったのでしょうか。

伊東　セシル・バルモンドさん(構造家、元アラップ副会長)が来日されて、誰か一緒に仕事をしませんか、という話を受けたことがきっかけでした。1996年に開催されるはずだった世界都市博の頃です。僕と一緒に妹島和世さんなど、皆をセシルさんが面倒見てくれていた。それから僕も英国ロンドンに行くようになりました。アラップのような総合エンジニアリングの企業は日本にはありませんよね。ロンドンに行くと、アラップのオフィスを訪れ、セシルさんとも親しくなりました。そして初めて協働したのが、2002年サーペンタイン・ギャラリー・パビリオンです。このプロジェクトにセシルさんは毎年参加していましたが、「どうも建築家はエンジニアの名前を出してくれない」と不満げでした。

　僕の場合は、彼がアイデアをずいぶん出してくれたので、最初から共同設計というつもりだった。こちらが1つスケッチを描くと、それならこういうことができるんじゃないかとセシルさんがアイデアを広げてくれる。デザイナー以上にデザイン的なアイデアが次々と出てきて、日本にはいないタイプのエンジニアでしたね。何かミステリアスな雰囲気を持っていました。

金田　そうですね、エンジニアとも建築家ともいえない人ですね。

伊東　魔法にかかったみたいだった。セシルさんが出す案は、そんなことができちゃうの?って驚いて。最後に一緒に手掛けたのが、台中のオペラハウス(台中国家歌劇院)でした。

　アラップのエンジニアというと、古くはピーター・ライスさん(1935–92年)がいて、セシルさんがいて、タレントのような有名人が数々いましたが、設備エンジニアではどのような方がいたのですか。

荻原　例えば、アリステア・ガスリーがいます。関西国際空港(94年)の設計に少し関わっていました。

金田　ピーター・ライスとも協働し、彼と同年代に活躍した環境設備エンジニアにトム・バーカー(1937–2021年)がいます。レンゾ・ピアノさんと協働したメニル・コレクションの展示空間に間接光を入れるリーフの提案や、関西国際空港旅客ターミナルビルではオープンエアダクトの空気の流れ方を大屋根の形状の根拠にするなど、光や風を建築の在り方に融合した先進的なアイデアを生み出したエンジニアです。

　環境設備エンジニアとのコラボレーションについては、どうお考えですか?

伊東　構造エンジニアの人たちとは設計の初期から関わろうとしてきましたが、どうしても環境設備はある程度、設計が進んだ段階で登場してもらうことが多い。

　その意味では、「みんなの森 ぎふメディアコスモス」は非常にうまくいった例でした。[Photo _ 1, 2]

金田　プロポーザル案を発展させていく中で、屋根が鉄骨のフラットルーフになり、「今回、構造の出番ないから」と伊東さんに言われました(笑)。そこで無理やり環境エンジニアの荻原を連れていったんです。

荻原　ぎふメディアコスモスは当初、広い空間の中に小さな家と呼ばれる、空間がいくつもある案でした。最初にそれを拝見したとき、伊東さんに「小さな家の内部は空調されているけれども、その外の空間は半屋外みたいな空間でいい。それで消費エネルギーを50%削減できますか?」と聞かれた。そのときに、「できます!」と答えたことを覚えています。

　でも、ある日その壁をなくして、「グローブ」と呼ぶ4種類のサイズの屋根が宙に浮かぶ形に変更となりま

1

2

Photo _ 1　「みんなの森 ぎふメディアコスモス」と名付けられた、岐阜市立中央図書館を含む複合施設。2階開架閲覧エリア。所蔵可能資料数は合計90万冊、座席は900席を超える(写真:車田 保)

Photo _ 2　2階北西の文学のグローブ。トップライトからの光を透過・反射・拡散させ、直上の可動トップライトで自然換気を行う。大きさは直径14m、4種類あるサイズの中で最大。ポリエステル三軸織りの上に丸や六角形の不織布を貼ってパターンを描く。不織布の密度によって風の流れや視線の抜け、光の入り方が変わる(写真:車田 保)

エンジニアの方々のアイデアや反応を大事にしたい──伊東豊雄

左から、アラップの環境設備エンジニア・荻原 廣高氏、同構造エンジニア・金田 充弘氏、伊東豊雄氏(写真:日経クロステック)

した。壁をなくして空間の連続性を持たせつつ、グローブで領域性を残している。そのあたりに非常に感動して、すごいなと思いました。

それと同時に、室内の空気が一体的につながってしまったので、どうやって環境をコントロールしようかという悩みが生まれて、眠れない日が続きました。本当に難題でした。いまだに打ち合わせでその模型が登場したときの衝撃は忘れられません。

伊東 大きな家と小さな家、というコンセプトは最初から持っていました。その小さな家の方が、閉じていては人が入りにくいし、誰かが先にいたら、後から来た人は誰か他人の家に入るような気まずさが生まれてしまう。なんとかオープンな感じにならないかという思いから、上からグローブを吊るアイデアにつながっていったんです。そのときに金田さんが、木造でシェルをつくってはどうですかと提案してくださった。

金田 当時、「重力換気が必要だから高さが必要です」と荻原が言って、伊東さんがこういう感じにしたいと要望を出して、急激に案が進化した瞬間でした。

伊東 コンペティションの2次審査であの案を出して、完成までほとんど変わりませんでしたね。驚きました。

僕が一番心配していたのは、吊られたグローブの中に入ったときに、グローブの外と違う印象を持てるかどうかでした。外と同じだったら吊る意味がないし、閉じすぎると入りにくい印象となる。床面から2400mmという高さがちょうど良かった気がします。

オペラハウスの設計で
驚きの壁厚半減

●

── 伊東さんは、エンジニアの方々と打ち合わせをするときに気を付けていることはありますか。

伊東 エンジニアの方々のアイデアや反応を大事にしたいと思っています。設計事務所のスタッフにも、「打ち合わせの場面でアイデアが出ないとだめだよ」といつも言っています。

それは僕が菊竹清訓さんの事務所で働いていた頃に学んだことです。構造家の松井源吾さん(1920年−96年)が打ち合わせで「こういうことができるじゃないか」と提案したときに、菊竹さんがひらめくわけですよ。明くる日までに考えるというのではだめなんだ。それを端で見ていて学び、ずっと肝に銘じてきました。エンジニアとの打ち合わせは、すごく大事な瞬間なんですよ。[Photo _ 3-5]

そういえば、台中のオペラハウスを検討している途中で、壁の厚さが急に半減したのは非常に驚きました。初めに壁の厚みが80cmも必要だと聞いて、そんなはずないだろうと思ったんですが。

金田 あれはですね、コンペ時の構造が中空の2重スラブで、中を設備のチャンバーとして使おうという提案の名残でもあります。コンペ後、構造と設備は切り離しましたが、当初から参加している構造チームの中では中空の厚肉コンクリートのイメージが強い。

それだと、仮定条件にもよりますが、厚さ80cmのボイドスラブという局所最適解に行き着いてしまいました。チーム内で納得感が出てくると、なかなか覆すことが難しくなります。仮定を変えない限り、80cmを頑張って合理化しても70cmくらいにしかなりません。エンジニアリング的にも、建築としても、違うなという印象は拭えませんでした。

そこで、まったく別のチームをつくり、独立した検討を行いました。普段は車の衝突解析などをしている先端技術グループのチームです。80cmを薄くするのではなく、30cmから検討を始めました。最終的に

40cmで自分も含めて全員が納得できる案にたどり着きました。

新しいことに挑戦するときは、簡単な手計算や経験からくる直観は指針になりますが、正しいとも限りません。フラットに情報を見渡し、まだ見ぬモノとの折り合いをつける。納得できる選択のために、非線形的なジャンプが必要なこともあります。

10年で変化した社会の多様性
●

—— アラップの強みはどこにあるのか。伊東さんはどうみていますか?

金田　2010年の初めに、伊東さんがこれからは環境エンジニアと一緒にやると話していました。その後に、ぎふメディアコスモスが始まりました。

伊東　構造エンジニアの人とは早い段階からコラボレーションができていたけれど、もう少し空気の流れをデザインに生かすことができないかと言ったんです。

それから大きな家と小さな家の検討が始まったのです。空調の無い時代の日本の建築は、外から内にグラデーショナルに変化していた。それを現代建築で再現することは難しいが、2段階ぐらいに分けることならできるんじゃないかというのが、もともとの発想だった。

実は岐阜のプロジェクトを始める前に、造船会社のオフィスビルを設計したことがありました。米国の西海岸にあるようなオフィスで、造船工場の大きな空間を用意して、その中に様々な小屋を建てるようなオフィスビルを考えた。でも、ちょうど日本で造船するのが厳しい時代になったという理由でキャンセルとなり、コンセプトをそのまま岐阜のコンペティションで提案したわけです。2011年2月に最終審査があって、非常にエキサイティングな結果になりました。

金田　それから10年がたちましたね。

荻原　エンジニアの視点からすると、10年たって社会全体がだいぶ変わりました。環境というテーマにおいては気候変動が進み、それにどう適応させていくか建築の在り方が問われています。今はコロナ禍によって働き方や生活スタイルも多様化し、建築がどう多様性に応えていくべきか。社会のテーマがずいぶんと変わりました。

伊東　なかなか最近は国内で大きなコンペティションがなく、小さなコンペティションではそういうテーマまで行き着かない。住民と一緒に考える方法論ばかりが評価され、建築のアイデアが求められない。非常に僕らとしてはやりにくいというか。

先日、仙台市の市庁舎コンペで審査委員長を務めました。すると、関係者は非常に保守的になっていて、のっけから大胆なことはやめてほしいと言われました。はみ出すようなことがあると、議会から追及されるからです。ちょっとこのままでは日本の建築界は先行きが暗いと思っています。海外、とりわけアジアは元気があるんじゃないでしょうか。

僕としては、高層ビルで新しい可能性を提案したいと思っています。高層ビルはデベロッパーがいて、いかに経済的につくるかということばかりが先行しがちなので、もう少し未来を考えれば面白いアイデアを出せるのにと思います。しかし、それがなかなかできないのが悩ましいですね。今後、10年くらいでまた変わるような気がするのですが。

金田　新しい挑戦に、またぜひ一緒に取り組んでいけたらと思います。

3

4

5

Photo _ 3　台湾・台中にオープンした「台中国家歌劇院」。2014年の施工途中に撮影した2階ホワイエ。右奥は安東陽子氏デザインのファブリック(写真:加納 永一)
Photo _ 4　台中国家歌劇院の南東側外観。建物の周囲は広場で、通りを挟んで公園が続く。つぼのようなデザインのファサードが特徴だ(写真:加納 永一)
Photo _ 5　16年9月にオープニングセレモニーが開かれた。会場の様子が大型画面に映し出され、市民は期待と興奮の混じった表情で見入っていた(写真:日経アーキテクチュア)

鼎談2 | 藤本壮介 氏 × 荻原廣高 氏 × 金田充弘 氏

［アラップ｜環境設備エンジニア］　［アラップ｜構造エンジニア］

アイデアを膨らませて実現する
「柔らかさ」と「堅さ」

2025年日本国際博覧会(大阪・関西万博)の
会場デザインプロデューサーに抜擢された藤本壮介氏。
世界で活躍する建築家の1人で、東京とパリに拠点を置く藤本壮介建築設計事務所の
代表を務める。アラップとは10年以上前から仕事を共にし、
国内外のコンペティションでも度々タッグを組んできた。最近のプロジェクトでは
「マルホンまきあーとテラス 石巻市複合文化施設」が2021年4月に開館。
その他、青森県十和田市の「(仮称)地域交流センター」(22年度完成予定)や
「大分空港海上アクセス旅客ターミナル」(23年度開業予定)でも協働している。
藤本氏とアラップの2人のエンジニアによる鼎談は、
そうした最新プロジェクトでのやり取りを皮切りに、
風や音環境のデザインなどデジタル時代の設計について幅広い話題に及んだ。

藤本壮介｜ふじもと そうすけ｜1971年生まれ。東京大学工学部建築学科卒業後、2000年藤本壮介建築設計事務所を設立。
14年フランス・モンペリエ国際設計競技最優秀賞(ラルブル・ブラン)に続き、15−18年にも欧州各国の国際設計競技にて
最優秀賞を受賞。手掛けた主なプロジェクトは、英国ロンドンの「サーペンタイン・ギャラリー・パビリオン2013」(13年)、
フランス・モンペリエの集合住宅「L'Arbre Blanc(ラルブル・ブラン)」(19年)などがある。
国内では「武蔵野美術大学 美術館・図書館」(10年)、「白井屋ホテル」(20年)などがある。

荻原廣高｜おぎはら ひろたか｜プロフィルはP.222に
金田充弘｜かなだ みつひろ｜プロフィルはP.222に

聞き手=菅原由依子/日経アーキテクチュア

—— 長年、アラップと共に仕事をされてきた藤本さんにとって、アラップはどのような会社でしょうか。

藤本　アラップは僕にとって、二人三脚でプロジェクトを進めていくパートナー。いないと困るというレベルではなくて、建築を考えていく、あるいは都市環境を考えるときに必ず一緒にやる、切っても切り離せないコラボレーションの相手です。[Photo _ 1, 2]

最近では、宮城県石巻市の「マルホンまきあーとテラス 石巻市複合文化施設」は、アラップなしには出来上がらなかったと思う。僕らの建物ってアクロバチックなことを表に出してやらない場合が多いんです。建築のトータリティー（全体性）や、人々のための場所を考えたときに、建物の表現が強いことによって生まれる力もあります。あえてそれを使うときもあるけれども、そうでない場合も多い。

例えば、一見普通に立っているように見える建物でも、様々なエンジニアリングのバックグラウンドを持ってつくられていることが結構ある。石巻では、ほとんど柱のないロビー部分が象徴的です。

それを「やってやったぜ」と誇示するのではなく、気付いたら開放的な空間ができたように見せている。その裏では大変な構造と設備のバックアップがある。綿密なやり取りをして、現場までもつれこみながら完成に至りました。

金田　我々もエンジニアリングを目立たせようとは一切思っていません。完成した建築の良さに貢献したい、そういうところが大きいですね。気付くと「なるほど」とい

うような納得感がある部分や、心地よさとかが、エンジニアリングに預けられている。

プロフェッショナリズムと横連携が同居

●

荻原　藤本さんは、アラップと協働するプロセスの中で、評価しているところは何でしょうか。

藤本　僕の印象は、堅さと柔らかさがちょうどよく同居している、というのでしょうか。かなりカジュアルにやり取りしながら進めるので、コラボレーションでは。その「柔軟さ」みたいなものが必須だと思っている。一方で、圧倒的なプロフェッショナリズムが持つ「堅さ」というか、芯があって、うまく両立しているのがアラップという気がします。

エンジニアというと堅くなりがちで、それが安心感を生むんですけれども、堅いだけだとなかなか柔軟なコミュニケーションや、発見が生まれにくいかなと思うんです。一方で柔軟すぎると、規模の大きな建物になったときに現場も含めたハンドリングが相当厳しくなるだろうと感じる。奇跡的にアラップはそこを両立している印象です。

もう1つは、構造や環境、機械設備といった個別のエンジニアリング会社はあるけれども、アラップの場合はそれらの専門領域が合体してトータルで見ているのが特徴です。当然、世界的には総合エンジニアリング会社がいくつかありますけれども、そのトータ

Photo _ 1　2021年4月に開館した「マルホンまきあーとテラス 石巻市複合文化施設」。総事業費は約130億円、延べ面積は約1万3200㎡。藤本壮介氏が手掛けた最大規模の公共建築で、アラップは構造と設備の設計を担当した（写真：吉田 誠）

Photo _ 2　マルホンまきあーとテラスの内観。高さ約10mの大扉が楽しい、開放的なロビー空間（写真：吉田 誠）

Fig. 1 <　　　青森県十和田市の「(仮称)地域交流センター」(22年度完成予定)のイメージ。
　　　　　　設計案ではなく、19年に行われた公募型プロポーザルで提案した図(資料：Sou Fujimoto Architects)

Fig. 2 >　　　提案した内部のイメージ(資料：Sou Fujimoto Architects)

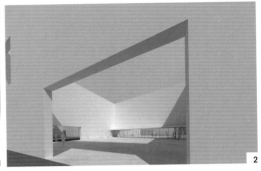

1　　2

リティーが、今はとても大切だと思うし、これからも重要になってくる。

建築はいまや構造や環境の話と、ファサードのつくり方、素材の使い方、などを別々に考えられない時代になっています。アラップはそれを先取りしていて、各分野のプロフェッショナリズムを持ちながら、1つの会社の中で横の連携が取れている。それが大きな魅力といえます。

—— これまで協働してきたプロジェクトで、アラップ側から面白い提案を受けたことはありましたか。

藤本　自分の悪い癖なのですが、面白いなと思っても少したつと自分で考えたかのようになってしまって、あんまり覚えていない(笑)。ただ、石巻のプロジェクトでロビー部分を検討したときに、「家形や四角形を並べて端に柱を落とし、その間は何もないんです」と説明されたときは、そんなことができるのかと驚きました。最初は半信半疑で、「そこまで無茶をしなくていいんですけど」と返した気がしますが、プロジェクトが進むとそれがすごく効いていることが分かりました。スコーンと抜けた空間は、あの建物で非常に重要だったことを実感しましたね。| Fig. 1, 2 |

次に青森県十和田市で進行している「地域交流センター(仮称)」の現場に入ったときも、アラップの提案には驚かされました。高さ20数メートルのロビー空間をつくり、そのロビーは中庭に面してL字形に配置しています。そのロビー内部にもあまり柱を立てていません。たぶん完成すれば、トリッキーな感じにはならず、自然と開放的な場所になっている感じだと思います。あれもいいですよね。

金田　十和田ではせいの大きい構造とみなし、その下は構造を粗くできます。大分は薄いスラブを支えるのに密な構造が必要。建築の可能性を引き出すために、全く違う空間のつくり方を提案しています。| Fig. 3, 4 |

VRでコラボレーションの 方法も変わる?!

●

藤本　大分のプロジェクトでは最近、VR(仮想現実)を使って歩き回って見ています。VRはスケール感が合っているのか、合っていないのか分からないときがありますね。天井高10mぐらいのはずが、「広々として見えるけど、本当に10mなのかな?」とか。

建築はいまや構造や環境の話と、ファサードのつくり方、素材の使い方、などを別々に考えられない時代——藤本壮介

金田　最近はVRで設計を確認するんですか?

藤本　ここ数カ月は、全部のプロジェクトでVRを使っています。模型って顔を入れられないじゃないですか。あと1m進んだらどうなるのか、振り向いたらどう見えるのかとか、模型の不自由さは以前から気になっていたんですよね。

ただ一方で、模型の概念と実物を行き来するのはいいなと思っていて。たぶん早い段階はスケッチやボリューム模型で、ある程度、案が固まればバーチャルで色々と細かく見てチェックしていく。その微調整で、全体のコンセプトや、つくろうとしている価値の齟齬（そご）を減らしていく。

金田　VRは新しいコラボレーションの在り方につながっていく気がします。もしも今後、音や光などを高い精度でシミュレーションができたらさらに面白い。

荻原　今後、ポストコロナの時代を迎えて感染症対策に限らず、安全性がさらに求められるようになる。そこでキーになるのが、空気のデザインです。目に見えない空気の流れを矢印で示すなど可視化しながらVRでチェックする。そういったアプローチは既に実現していますし、それをこれからの建築のつくり方にぜひ生かしたいと思っています。

金田　VRの中で風の矢印が飛んでくるの?（笑）。「この矢印の感じ、俺は好きだな」とか、「この矢印は強くとがりすぎてる」とか、VR内で飛ぶ矢印の体験と実現した空間の環境の体験をフィードバックできるようになると、藤本さんは新たな環境的直観を獲得するかもしれませんね。

模型を見てリアルなものを想像できるのは建築家ならではの特技でしたが、今後、VR空間の中で風の

Fig. 3　「大分空港海上アクセス旅客ターミナル」(23年度開業予定)の完成イメージ。上屋の規模は地上3階建て、延べ面積1495m²。
海に向かい、緩やかな勾配で上昇していく外観は、雄大な別府湾岸になじみつつ、街のランドマークとなる(資料：藤本壮介建築設計事務所・松井設計共同企業体)

Fig. 4　天井高を十分に確保した、全面ガラス張りの待合スペース。大分の原風景ともいえるスギ林のような空間は、
地域の人たちにとっては、街のリビングのような場所となり、県外・海外からの来訪者に対しては、地域材の魅力を伝え、
大分県ならではの空間を演出する(資料：藤本壮介建築設計事務所・松井設計共同企業体)

3

4

矢印を見てリアルな空間の快適さを想像できると、新しいクリエイティビティーが生まれてくるかもしれないですね。

藤本　風を読むリテラシーがたぶん今の僕にはない。勝手に想像して、ここから風が吹いてくるなという感覚で図面やスケッチに描いている。それを可視化する方法が生まれて、バーチャルと実空間をつなぎ合わせるリテラシーが自分の中で育ってくれば、状況は変わる。空気の流れのデザインは環境配慮の面でも、快適性の面でもこれからより重要になってくるでしょうし。

模型の役割はあるけれども、これからは大きな模型ほどVRにどんどん置き換わりそうだと感じています。大きな模型は実物に近い形で、設計者がのぞき込んでスケール感も含めて状況を把握するために使われてきたけれども、それがVRにはかなわなくなる。更新の頻度やスピード感も圧倒的にコンピューターが早いですから。

金田　空間や構造の構成など、計画の最初は小さいフィジカルなもので、後半になるとデジタル化してくる。もしかすると環境設計の場合は逆で、かなりラフなときこそシミュレーションで大きく方向性を確認するのがいいのかもしれない。荻原さんどうですか？

荻原　まさにそういう手順が向いていると思います。初期段階はバーチャルな再現方法で多くのケースから絞り込みを行って、実際に設計が進んでからモックアップをつくってスモークをたいたりして、フィジカルな詳細検証を行うのがよいですね。

建築はその大部分において、目に見えるものを設計する作業になります。でも、エンジニアは目に見えないものを設計する場合も多い。例えば、構造エンジニアは力、僕ら環境設備エンジニアは光や風、音を設計するのが役割だと思っている。これまではそれが可

視化できなかったので、なかなか意匠設計者に、その質の違いを伝えにくかった。

今はデジタル技術によって可視化することで、同じプラットフォームで様々な現象を建築家と共有できるようになりました。これまで互いに考えてこなかったような反応がぽっと生まれるのが楽しみです。

藤本　目に見えないものをデザインして可視化するのはすごく本質的ですよね。建築家サイドの僕らにとっても、想像力を頑張って駆使しながら、そこでうごめく人々のことなども考えながら、最後は現実世界に着地するための接点を探っているわけです。

エンジニアリング会社のアラップとコラボレーションすることで、意匠とは違う、構造や温熱環境など違う方面から現実世界に接点ができて、いくつものインターフェースを同時に見据えながら徐々に建築が形作られていくような感じがあります。

デザインされにくい都市の「音環境」に可能性

●

金田　しばらく前は「環境設備が大事だ」「ファサードが大事だ」と、構造エンジニアの私にはできないことを勝手に言いふらしてきましたけれども、今は音環境に注目しています。アコースティックといわれる閉じた箱の中の残響音などではなくて、都市環境にある音、アーバンサウンドスケープのことです。

都市から建築のパブリックスペース、そしてプライベートスペースへと様々なレベルで体験する空気や音。それら全てが空間の情報源であり、人々の情緒に影響する要素にもなる。なかなかデザインされにくい、でも大きな可能性が眠っている分野ではないでしょうか。

藤本　大阪・関西万博の会場を検討していたときも似た話

をしていました。人が大勢いる場所の音で、半分くらいは雑踏感、でも半分は風が抜けていく自然のざわめきが混ざると、雑踏も違う音になるのではないかと議論していました。それをどうつくるかは様々な方法があると思いますが。

雑踏がさらに小さなスケールになったり、もっとインティメートな(居心地のよい)ものになったりする可能性もあり得ます。それによって都市を感知する仕方がずいぶん変わりそうな気がしますよね。

金田 音の感じ方も文化的に違いますから。国や言語などが違えば同じ感じ方ではなくなり、そこに個別の違いがあって面白いなと思っています。そういう設計を一緒にできるといいですね。僕はできませんが、詳しい人を連れてきます(笑)。

―― 今後、藤本さんはどのような挑戦をしていきたいですか。

藤本 建築の枠をそろそろ取っ払って、都市の部分とランドスケープの部分、建築の部分、プライベート、パブリック、その間の境界も含めて、もっとグラデーションをつけていきたい。とはいえ、人間のための場所をつくる点は変わらないし、よりそこが際立つような気がしています。今話していた音環境など、様々な要素も加味して、より我々の生活環境を多用に捉えられるようになっていきたいと思います。

金田 藤本さんに、「コラボレーションって本当にいるの?」という質問をしたい。VRはまだ入り口で、将来、AI(人工知能)を使って設計の自動化ができたら、エンジニアはいらなくて建築家1人でやればいいとならないでしょうか。設計プロセスが半自動化しても、建築家とエンジニアのコラボレーションは必要なのか、どんな意味があるのかが気になります。

藤本 そのときは僕自身も必要なくなってしまうんじゃないですかね。AIのエンジニアとAIの建築家が話し合い、AIの建て主にプレゼンテーションするとか(笑)。

ただ、それはすごく興味深い質問です。我々人間の頭脳を使っている設計はAIよりもかなり効率が悪いけれど、違う面からみると非常に複雑な条件をまとめあげる作業ともいえる。当然、パラメーターが増えたときに、それをまとめる圧倒的な処理能力も必要ですが、人間の挙動という最も予測しにくい要素を全部把握し、まとめることがAIにできるかどうか。あと、いい意味でのブレ、ゆらぎ、誤作動――。そうしたある種の不確実要素が、人間の発想には常に入ってきちゃうじゃないですか。それは最適化して絞り込むだけでは見えてこなくて、会話などから広がる可能性みたいなものがある気がします。

金田 「ゆらぎ」はいい言葉ですね。AIで自動化が進むほど、人間同士のやり取りの妙が分かってくる気もします。

荻原 パラメトリックスタディーで例えば窓の大きさや配置、ルーバーのデザインなど完全な最適解を求めることはできるけれども、ちょっとした不完全さの中に余白が生まれて、そこに人間が適応していく。そう考えると、余白を残すことが環境の中ですごく大事なことになると思います。

完全な空気の流れや完全な光だけではない「ゆらぎ」や「雑」の部分をいかに残すのか。そこに僕たちエンジニアがまだ必要とされる可能性があるのかもしれません。

藤本 たしかに余白は、余白ゆえに答えとして物が出てくる感じではない。答えの何かが少し足りなかったり、欠落していたり、ずれたりすることで生まれてくる。人間が関わることによって初めて価値が生まれるから、余白そのものに価値を結び付けることが難しい。それはどこまでも人間が関わることで生まれてくる建築の本質ですね。

完全な空気の流れや完全な光だけではない「ゆらぎ」や「雑」の部分をいかに残すのか

――荻原廣高

PART

2

STRUCTURE
ストラクチャー

1

スケールの大きさや美しさを現実のものに

今でこそ様々な分野のエンジニアリングを広く手掛けるアラップだが
その根幹の1つが構造であることは変わらない。
Section 1では、同社が携わった海外プロジェクトのうち、
巨大スタジアムや超高層タワー、繊細なガラスを使った増築・改修など
特に構造エンジニアリングの粋が際立つプロジェクトをまとめた。
それらが持つスケールの大きさ、美しさ、
発想の大胆さのウラにあるStructureの面白さに迫る。

THEME	STRUCTURE	ストラクチャー
ARCHITECT	ARUP+DP ARCHITECTS+ AECOM	アラップ、DPアーキテクツ、エイコム(シンガポール・スポーツ・ハブ設計チーム)
PROJECT	NATIONAL STADIUM	ナショナルスタジアム
PLACE	SINGAPORE	シンガポール
YEAR	2014	完成年

シンガポールの
ナショナルスタジアムに、
直径300m超えのドーム

高齢化率がアジア地域で第3位のシンガポール。
この社会問題に対して政府は様々な対策を講じている。
その中の1つに、健康増進のためにもっとスポーツを行おうという内容がある。
市民のスポーツへの関心を高め、食事や買い物といった日ごろの活動に
運動を自然と溶け込ませることを方針に掲げている。
さらに同国ではアジア地域においてスポーツ競技をホストする
中心的な役割になることを目指し、国際競技を誘致できる施設をつくってきた。
その好例が、多彩なアクティビティーができる「シンガポール・スポーツ・ハブ」であり、
目玉となる国立競技場「ナショナルスタジアム」だ。
直径300mを超えるドームは史上初となる。熱帯気候下でも快適に
利用できるよう計画された可動式の屋根や省エネ空調が見事だ。

1

2

3

Photo _ 1 ナショナルスタジアムを中心とするシンガポール・スポーツ・ハブの全景。
シンガポールに拠点を置くDP Architectsとアラップ、AECOMが世界中から専門家を集めて設計チームを構成した(写真:Arup)

Figure _ 2 シンガポール・スポーツ・ハブには、スポーツ関連の資料館、カヌー用施設、テニスコート、スケート場、
ジョギングや自転車用のトラック、ビーチバレーのコート、3000台分の駐車場などもある(資料:Oaker)

Photo _ 3 観客席の施工時の様子(写真:Darren Soh)

Photo _ 4   ドームの屋根は、超高層ビルが立ち並ぶシンガポールの中心部に向かって開く。
屋根からのぞく外の景色は、イベント時において素晴らしい背景となる（写真：Arup）

Photo _ 5   ナショナルスタジアム（左）と、丹下健三が設計したシンガポール屋内スタジアムの山形の建物（右）は、互いに引き立て合う。
「印象的なスカイラインになるに違いない」と設計チームが確信したことも、ナショナルスタジアムにドーム構造を採用した理由の1つ（写真：Arup）

Photo _ 6   写真の上から中央奥に向かって延びるトラス梁が、屋根を開閉する際のガイドレールとなる（写真：Darren Soh）

Figure _ 7　屋根の可動部の仕上げは複層のETFE（熱可塑性フッ素樹脂）クッションで、長さ220m、幅82m、面積は約2万m²に及ぶ。一方、屋根の主要部はアルミ仕上げとしている（資料：Arup）

Photo _ 8　ナショナルスタジアムの外周部にある「スポーツ・プロムナード」。PTFE（四フッ化エチレン樹脂）の膜仕上げのルーバーに覆われている。雨にぬれずに公共交通機関の駅などにアクセスできるほか、待ち合わせ場所にもなっている（写真：Arup）

続々とアイコニックな建築が増殖するシンガポールで2014年6月、スポーツや各種のイベントを催すことができる複合施設「シンガポール・スポーツ・ハブ」(以下、スポーツハブ)が完成した。約35万m²の広大な敷地に立つ。

Photo_1
Figure_2

スポーツハブは、シンガポール政府が進める都市再開発の目玉プロジェクトの1つだ。市民がより健康的な生活を送れるように定めたロードマップ「スポーツ・シンガポール・ビジョン2030」でも、中心的な施設として位置付けている。また、世界初となるスポーツ施設のPPP(官民連携)事業としても注目されている。

スポーツハブをサステナビリティー(持続可能性)や健康増進、活動的な社会といったキーワードの発信地とし、これらをいかに実現し、国全体へと展開していくかがプロジェクトの鍵となった。スポーツハブは主に以下のような複数の施設で構成される。

ナショナルスタジアム(国立競技場)	5万5000席の中心的な施設で、可動式の屋根と冷房設備を備える
OCBCアクアティックセンター	3000席の水泳競技場。6000席まで拡張可能
OCBC多目的室内アリーナ	3000席を設け、自由なレイアウトが可能
商業施設や店舗	4万1000m²の広さで、ウオーター・パークやロック・クライミング施設を有する
事務所	1万8000m²
シンガポール屋内スタジアム	1万2000席の既存のスタジアムを改修

3万席の観客席がフィールドにせり出す

●

スポーツハブの中心となるナショナルスタジアムは、サッカーとラグビー、クリケット、陸上競技のいずれの大会も開催できるように計画された世界で唯一の施設である。ここに、5万5000席を確保するのは難題であった。

例えば、トラックを使う陸上競技に合わせて観客席を配置すると、サッカーの試合時にはフィールドの周りに無駄なスペースができてしまう。観客席の勾配は急にした方が観戦しやすい半面、移動や避難時の安全性には悪影響を及ぼす。かといって勾配を緩くすれば、建築面積が大きくなり、建設費が膨らむ恐れがあった。

そこで、設計チームは可動式の観客席を備えた各地の競技場を分析。5万5000席のうち半数以上を占める下層の3万席を可動式とし、サッカーの試合時は陸上競技よりもフィールド側に12.5mせり出す設計へと収束させた。| Fig. 9 |

Photo_3

ナショナルスタジアムの設計においては、他にも相反する与条件があった。強い日差しや突然のスコールを防ぐには、覆いが必要となる。一方、公式なラグビー競技場として要求される天然芝を育成するためには、グラウンドに直射日光を当てなければならなかった。

設計チームは可動式屋根の採用を前提に、様々な案を検討。ドーム構造にすると、最も経済的になるという結論を導き出した。1m²当たりの鉄骨量は110kgに抑えられる。

Photo_4

Fig. 9

上から順にサッカー、クリケット、陸上競技の各大会を催す際の観客席の配置。
パラメーターを使った3次元モデリングによって、最適な形状を探った（資料：Arup）

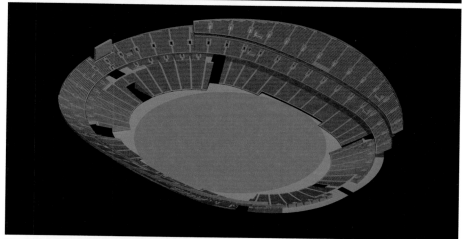

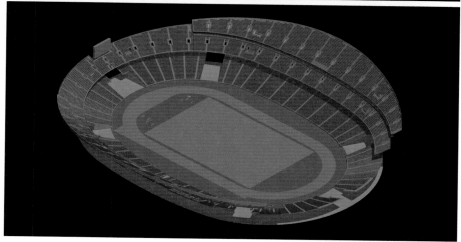

　　　ドーム建築の歴史は古い。直径が約43mのドームを載せた現存するローマのパン
テオンは、西暦128年に完成したものだ。しかし、直径が100mを超えるような巨大ドーム
がつくられるようになったのは1950年代以降である。それに対してシンガポールのナショ
ナルスタジアムは、直径310m。史上初めて300mを超え、ドーム建築の歴史において貴
重な功績を残した。

Photo _ 5

023

巨大ドームを可能にしたアーチ構造

●

ナショナルスタジアムの屋根の高さは、競技場面から約85mである。ドームの骨組みはトラスの巨大なアーチで構成している。

　　サッカーフィールドの短辺と平行して架けた梁（Runway Truss）は、可動式屋根を開閉する際のガイドレールの役割も果たす。長辺方向の中央には「横断トラス（Transverse Truss）」と名付けた長い2本の梁を架けている。この2本の横断トラスの間が、屋根の開閉する範囲である。| Fig. 10 |

Photo _ 6

Fig. 10　スタジアムの耐用年数を50年と設定すると、屋根の開閉は1万回以上に達することになる。
繰り返しの開閉に対して金属疲労による破壊が起こらないように、部材の大きさやディテールを決めた（資料：Arup）

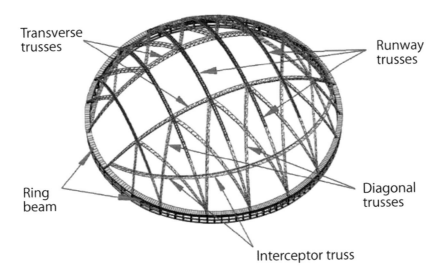

Transverse trusses
Runway trusses
Ring beam
Diagonal trusses
Interceptor truss

　　アーチが外側に広がろうとする力（スラスト）を処理するために、「リングビーム（Ring beam）」と呼ぶ、幅6m、高さ1.5mの断面をしたリング状の構造体でドームの外周を囲む。リングビームはポストテンション構造を採用した。直径15.2mmの鋼製ロープを17本より合わせて引っ張り力を与えた緊張材を14組、リングビームの断面内に通している。

　　シンガポールに地震はなくても、風は吹く。様々な状態で風荷重を分析した結果、屋根が4分の1ほど閉まった状態が風の影響を最も強く受けることが判明。構造部材のサイズを決める重要な要素となった。

Figure_ 7

足元から吹く冷気で観客を包み込む

●

ナショナルスタジアムには、快適な冷房設備を整えることも条件であった。| Fig. 11 |

　　スタジアムの空間を分析したところ、人が滞在する居住域の空間容積はスタジアム全体のわずか40分の1にすぎないことが分かった。そこで、居住域だけに限定した微気候空間をつくって冷房し、それ以外の非居住域は特に温度や湿度を調整しないというメリハリをつけた。一般的なダクト吹き出しによる全般空調のシステムと比べて、約40%のエネルギー使用量である。

Fig. 11　ナショナルスタジアムの全体環境計画の概念図(資料：Arup)

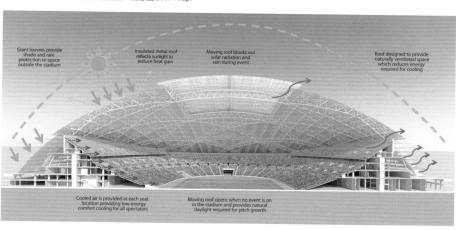

Giant louvres provide shade and rain protection to space outside the stadium

Insulated metal roof reflects sunlight to reduce heat gain

Moving roof blocks out solar radiation and rain during event

Roof designed to provide naturally ventilated space which reduces energy required for cooling

Cooled air is provided at each seat location providing low-energy comfort cooling for all spectators

Moving roof opens when no event is on in the stadium and provides natural daylight required for pitch growth

　さらに、設計チームは「気流感」が観客席の快適性に大きく影響することを突き止めた。座席後部の足元から出た涼しい気流が背もたれに沿って吹き上げられ、観客席の周辺だけを包み込む。観客が空調気流の"泡"で覆われるようなイメージである。空調用の電力は、駐車場の上に設置された3500m²の太陽光発電パネルによって賄う。

Photo _ 8

　結果的に、ナショナルスタジアム全体では、シンガポールの基準による標準的なスタジアムと比べて26.5%の省エネになると試算している。

　世界初の試みを多く採用し、シンガポールの地域特性を反映した個性的な建築とするための工夫を随所に盛り込んだシンガポールの国立競技場。この場所はかねてから建国記念日のパレードの開催地としても使われており、市民にとっては愛国心をかき立てられる場所でもあるだろう。巨大さや可動式の屋根など派手な部分に話題が集中しがちであるものの、都市の快適性の向上や健康増進といった役割を通して、シンガポールに寄与する拠点となることを願っている。

●

[菊地雪代、アソシエイト／プログラム＆プロジェクトマネジメント]

ナショナルスタジアム

所在地	シンガポール
発注	SportsHub Pte
シンガポール・スポーツ・ハブ設計	Arup＋DP Architects＋AECOM
マスタープラン	DP Architects＋Arup＋AECOM
スポーツ関連施設の設計	Arup Associates(現・アラップ)＋DP Architects
事務所、商業施設の設計	DP Architects
エンジニアリング	Arup
ランドスケープ	AECOM
施工(鉄骨)	Yongnam Engineering & Construction Pte 他
完成時期	2014年6月
座席数	5万5000席
事業費	13億3000万シンガポールドル

THEME	STRUCTURE	ストラクチャー
ARCHITECT	BOERI STUDIO	ボエリスタジオ
PROJECT	BOSCO VERTICALE	ボスコ・ヴェルティカーレ
PLACE	ITALY	イタリア
YEAR	2014	完成年

まるでCG！
ミラノに
"積層された森"の
ツインタワー

「建物を緑化したい」としたら——。

屋上緑化すれば断熱効果もあるし、壁面緑化をしたらシェードの効果とともに、

街並みの美化にも貢献するだろう。そう思っていても、荷重が増え、

灌漑設備は思ったより過剰となり、建設費が増え、

結局は申し訳程度の緑化に落ち着いたりしたことはないだろうか。

イタリア・ミラノ中央駅にほど近い、

「Bosco Verticale」（ボスコ・ヴェルティカーレ＝垂直の森）は、

モダンで美しい建築と、森を積層したような豊富な緑が絡み合う、

奇抜な外観が特徴の高層集合住宅である。

ツインタワーのアイコニックな姿は、CGかと見間違うくらいだ。

完成当初は「木がかわいそう」という意見もあったようだが、

緑は順調に育ち、数々の建築賞を受賞している。

ボスコ・ヴェルティカーレの外観（写真：Luca Buzzoni Arup）

Photo _ 2 　　施工中のキャンチレバー部分を支えるためのセルフサポート足場(写真：Peri)
Photo _ 3 　　防振装置。地震ではなく地下鉄の振動を抑えるためなので、日本で一般的な「免震」装置とは様子が異なる(写真：Gerb)
Photo _ 4, 5 　施工の様子(写真：上はArup、下はLuca Buzzoni Arup)

4

5

Photo＿6　　　室内の例（写真：Kirsten Bucher）
Photo＿7, 8　　繊細かつ様々な表情を見せるファサード（写真：2点ともArup）
Photo＿9　　　遠景。ボスコ・ヴェルティカーレは持続可能性などに優れたプロジェクトとして「International Highrise Award 2014」を受賞した（写真：Arup）

Photo _ 1

Photo _ 2

Photo _ 3

Photo _ 4, 5

Photo _ 6-8

ボスコ・ヴェルティカーレは、イタリア・ミラノ市内の4万m²に及ぶポルタ・ヌオーヴァ・イゾラ再開発地区にある。27階建てで高さ110mの棟と、19階建てで高さ76mの棟から成るツインタワーだ。2棟のバルコニーには合わせて、高さ3-6mの中高木が900本、低木が5000本、花が1万1000株も植えられている。│Fig. 10│

Fig. 10　建築家による概念図。緑地を積層するイメージや、植栽による効果などを示す(資料：Boeri Studio)

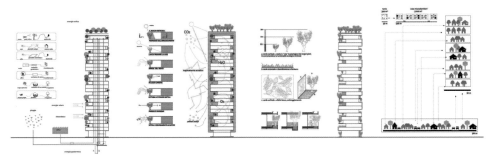

　このプロジェクトを見ていると、つい、バルコニーの薄いスラブのはね出しは強度的に大丈夫なのだろうかと不安になってしまう。バルコニーのキャンチレバーの長さは3.35m、コーナー部の見付け幅は7.5mに達する。│Fig. 11│

　スラブ断面が薄く、奥行きのあるバルコニーを実現するために、スラブには高強度コンクリートを採用。さらに、アンボンドのポストテンションケーブルを挿入して、コンクリートのクリープ変形やひび割れを抑えている。

　この敷地の地盤状態は良く、地下水位も問題なかった。しかし、当再開発地区の地下には地下鉄が2路線走っており、建物の基礎を計画するうえでの課題となった。地下鉄の振動によって、住居部分の快適性が損なわれるからだ。

　問題を解決するために採用したのが「防振」装置である。同装置はコイル状の鋼製ばねを複数組み合わせたものだ。

安全ケーブルなどで落下を防ぐ

●

樹木にかかる風圧や、その対策としての固定方法については、2種類の風洞実験によって安全性を確かめている。1つの実験は、100分の1の模型を使ってミラノ市内で実施。もう1つの実験は、実際の樹木を使って米国のフロリダで行われた。両実験の結果を受けて、3種類の樹木用拘束器具をデザインした。

　樹木は、土の中に埋め込まれた金属製のメッシュに、伸縮性のあるバンドで固定。培地や高木の幹は安全ケーブルでも結束され、万が一、幹から折れた場合でも落下しない。さらに、風の影響を受けやすい場所に配した高木については、根鉢を安全用のケージの中に収め、根の部分から横転するようなことがないように配慮している。│Fig. 12│

　もし、日本で同じことをやろうとしたら、「火災時の避難は？ 消防隊の進入は？ 面積の算定方法は？」など課題は多いだろう。しかし、バルコニーの樹木によって、隣棟間のプライバシーは程よく確保され、地上高くにいることを忘れてしまいそうな眺めがある。

Fig. 11 <　　　建築家による断面イメージ図（資料：Boeri Studio）
Fig. 12 >　　　高木の固定方法（資料：Arup）

12

11

Photo _ 9

　　ありそうでなかった――。発明や創造は、その多くが公知の技術を組み合わせた
ものであるといわれる。ただし、特許における発明は、単なる公知の技術の寄せ集めで
はなく、そこに進歩性が見られるかどうかが鍵となる。
　　ボスコ・ヴェルティカーレは、都市では得難い広大な緑化面積を確保し、日射遮蔽効
果による二酸化炭素（CO_2）削減などにも貢献している。公知の技術を組み合わせること
によって副次的に発生する構造や風害への問題に対処したうえで、新たな価値を生み
出している。これはもう、一種の発明と呼んでよいのかもしれない。

●

［菊地雪代、アソシエイト／プログラム＆プロジェクトマネジメント］

ボスコ・ヴェルティカーレ

所在地	イタリア、ミラノ
発注	Hines Italia SGR SpA per conto del Fondo Porta Nuova Isola（現 Coima SGR）
意匠設計	Boeri Studio（現 Stefano Boeri Architetti and Barreca & La Varra）
構造・振動解析	Arup
建築設備設計、音響	Deerns Italia
ランドスケープ	Laura Gatti and Emanuela Borio
実施設計	Tekne
PM、コストコンサルタント	J&A Consultants
施工	1期 ZH General Construction Company、2期 Colombo Costruzioni
工事監理	1期 MiPrAv、2期 Studio Ceruti
完成年	2014年

THEME	STRUCTURE	ストラクチャー
ARCHITECT	RENZO PIANO BUILDING WORKSHOP	レンゾ・ピアノ・ビルディング・ワークショップ
PROJECT	THE SHARD	ザ・シャード
PLACE	UNITED KINGDOM	英国
YEAR	2012	完成年

レンゾ・ピアノが挑んだ、英国最高高さの「ザ・シャード」

英国・ロンドンの中心部にあるサザーク地区。

1980年代以降、再開発が進み、話題の美術館やショップが集まるエリアである。

その中のロンドン・ブリッジ駅近傍に、ピラミッド形をしたガラスのタワーが建った。

古い町並みが残るサザーク地区で高層ビルを建設することについて、

当初、建築家のレンゾ・ピアノ氏は難色を示したという。

しかし、複数の鉄道が交わる交通の要所が生み出すエネルギーや、

近くを流れるテムズ川の美しさがピアノ氏の気持ちを変えた。

「基準階」が無い複雑な平面プラン、年々厳しくなる環境基準に対応するなど、

チャレンジの多いプロジェクトとなった。

Photo _ 1　　　　ザ・シャード（破片）という名称を象徴する、15層の鋭い尖塔部分が輝く。見る角度によって、建物形状も少しずつ違って見える（写真：Arup）

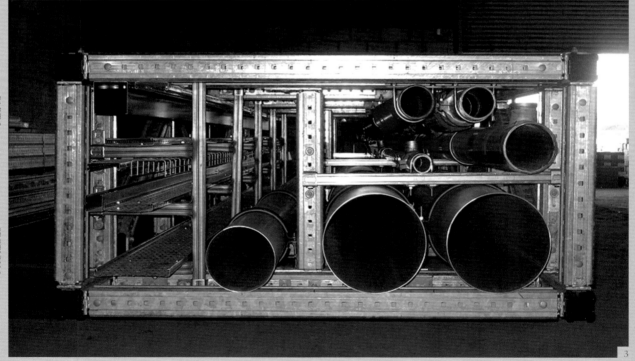

Photo _ 2 　テムズ川を挟んで対岸に、ザ・シャードを望む。手前はタワー・ブリッジ。
中間のいくつかの層には、ウインターガーデンと呼ばれる庭園スペースがある（写真：Arup）
Photo _ 3 　地上で組み立て、モジュール化した設備配管。ザ・シャードの大部分の建材はリサイクルされた材料を含むという（写真：Arup）
Photo _ 4 　サウスバンクからの眺め。手前に立つのは、2002年に完成したノーマン・フォスター氏の設計によるロンドン市庁舎。
20年以上続く再開発により、この地区にはテート・モダンなど興味深い建築も多く、ロンドンのアートシーンをけん引するエリアとなっている（写真：Arup）

英国・ロンドンの街の印象とは少々異なる、幾何学形状かつ光を反射する外皮――。「ザ・シャード（破片）」と名付けられたタワーは、レンゾ・ピアノ氏の設計である。高さ310m、西ヨーロッパで最も高いビルとなった。

タワーの低層部には商業施設、その上に25層のオフィス、3層のレストラン街、17層のホテル、さらに高級住宅と展望ギャラリーが重なっている。延べ面積は約12万7000m²だ。

Photo_1-2

計画が始まったのは2000年で、アラップは、火災安全設計と建築設備設計をサポートした。

火災安全に関して、英国では建物の用途ごとに2方向避難が要求される。そのため、通常はオフィスやホテル、住宅、ギャラリーがあれば、最低でも8カ所の避難階段が要求されるという。しかし、このシャードでは、避難階段を3カ所にまで減らしている。それは、英国でも複合高層ビルで初の試みとなる"エレベーターを避難に使用する"ことが認められたからである。

アラップが世界中で行った超高層ビル設計での経験を生かし、エレベーターの速度、避難場所の広さなどを分析し、消防との協議を数年にわたり行ってきた。階段で避難した場合にかかる避難時間、同時に建物のどのような状況が避難においてハザード（潜在的危険性）になるかなどをシミュレーションし、効率的な火災安全計画を立てたのだ。

Fig. 5　ファサードの断面イメージ。3層ガラスのファサードの表面積は5万6000m²にも及ぶ（資料：Arup）

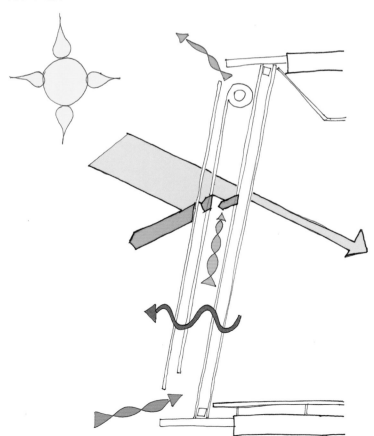

エレベーターの詳細設計にも介入し、通常モードと非常時モードでのオペレーションの違いを検証。さらに、それをどのように管理していくかについても、実現可能であることを実証していった。火災時には、避難階段とエレベーターシャフトに煙が進入しないよう、常に正圧になるよう設計されている。

ファサードは1万枚以上のガラス

●

ファサードは、トリプル・グレイジング(3層ガラス)を1万枚以上使ったモジュールで構成している。熱貫流率は1.4W/m²Kと、高性能Low-E複層ガラス程度の性能を持っている。これによって、室内の空調負荷をかなり削減している。| Fig. 5 |

この建物では同じ平面形状が2つと無い。そのため設備に関しては、設備スペースをどのように確保するかが大問題であった。先細りする平面形状において、下階から上階まで同じ設備シャフトスペースを設けると、上部では極端にレンタブル比が下がってしまう。そこで建物の用途ごとに個別の設備システムと機器スペースをそれぞれ設置。3Dモデルを使って検討することによって、小さな空間を有効活用し、効率的な機器配置を行った。

結果的に、用途ごとのコミッショニング(性能検証)が可能となり、竣工前の擾乱(じょうらん)を軽減できたという。工期を短縮し、施工精度を上げるため、たてシャフト類は3層モジュールで工場製作して、現場ではボルトで締めるという施工方式を取っている。

Photo _ 3

ロンドンの新たな象徴に

●

ザ・シャードが完成した当初、ネットなどでは「美しく、人類が成し遂げた驚異」だとか、逆に「ロンドンのスカイラインにはそぐわないのでは」といった賛否両論の意見が噴出した。一般の人でも建築や街並みに対する興味を持ち、議論する土壌があることが素晴らしい。

Photo _ 4

ロイズ・オブ・ロンドン(リチャード・ロジャース氏が設計、1986年完成、2014年改修)にしても、ポンピドゥー・センター(レンゾ・ピアノ氏やリチャード・ロジャース氏らが設計、1977年完成)にしても、完成当初は論争を巻き起こした。いずれの建物も、時とともに受け入れられ、街の象徴ともいえる存在になっている。ザ・シャードも、既にロンドンの景観を構成する不可欠な要素へと昇華しつつあるようだ。

●

[菊地雪代、アソシエイト/プログラム&プロジェクトマネジメント]

ザ・シャード

所在地	英国、ロンドン
延べ面積	約12万7000m²
発注	The Shard
設計	Renzo Piano Building Workshop
建築設備設計、火災安全設計	Arup
完成日	2012年7月5日 (外構完成)

THEME	STRUCTURE	ストラクチャー
ARCHITECT	AEDAS	アエダス
PROJECT	AL BAHAR TOWERS	アル・バハール・タワーズ
PLACE	UAE	アラブ首長国連邦
YEAR	2012	完成年

灼熱のアブダビ、バイオミクリーを取り入れたタワー外装

2012年、アラブ首長国連邦(UAE)のアブダビに、
アブダビ投資評議会(Abu Dhabi Investment Council)の本部が入居する、
高さ150mのツインタワー「アル・バハール・タワーズ」が出現した。
「高層ビル・都市居住評議会
(Council on Tall Buildings and Urban Habitat、CTBUH、米国・シカゴ)」から、
12年超高層ビルにおける「革新賞(Innovation Award)」を受賞した。
その理由は、厳しい砂漠気候下でサステナブルな建築を実現しようとした
プロジェクトチームの挑戦によるところが大きい。
努力の結晶が、昆虫の巣のような、植物のような、
なんとも表現しがたい外観に象徴されている。

Photo _ 1 　 2棟が並んで立つ、アル・バハール・タワーズ。各棟は25層で、延べ面積は約8万2000m²に及ぶ大規模開発だ（写真：Arup）
Photo _ 2 　 イスラム建築の伝統的要素「マシュラビーヤ」（写真：Arup）

Photo _ 3　　　スクリーン設置中の状況。折り紙からも着想を得て、その形と動きを決めている（写真：Arup）

Photo _ 4　　　外装のスクリーン素材は、アルミとステンレスのフレームに、フッ素樹脂加工のファイバーグラスを用いた。1モジュール6m×4mの大きさ。

　　　　　　　　可動部の耐性試験は約3万回に及び、瞬間最大風速66m、60℃の条件にも耐え得ることを確認した。耐用年数は、75年間に相当する（写真：Arup）

5

6

Photo _ 5 　建設中の写真。上部は2層吹き抜けのレセプションスペースになっている。
屋根には太陽光発電パネルを設置し、建物全体の電気使用量の5%を賄う量の発電をしている（写真：Arup）

Photo _ 6 　エントランスホールの内部。幾何学形状の天井がイスラム的であり、外部のスクリーンともイメージを共有している（写真：Aedas）

Photo _ 1

UAEのアブダビに立つアル・バハール・タワーズは、非常に個性的なファサードを持つオフィスビルである。

　そのコンセプトは、「イスラムの伝統建築」に加え、「サステナブルな技術」と「バイオミミクリー的推論」という3点を統合する、というものだ。バイオミミクリーとは生物模倣のことを言い、生物の形態や機能をヒントに科学技術などに応用する手法。ミツバチの巣の構造を模したハニカム構造が有名である。

　このコンセプトを実現するために考え出されたのが、アル・バハール・タワーズの東西南面を覆う可動式の外装スクリーンである。以下に、そのコンセプトを1つずつ解説したい。

　1つ目は、イスラムの伝統。中東の建築では、「マシュラビーヤ」と呼ばれる、格子で仕切られた窓、特に女性の住む領域を仕切るスクリーンがつくられる。アル・バハール・タワーズにおける外装のスクリーンは、この伝統的な要素の意匠面と、機能面を残して環境対策へと昇華させたものだ。スクリーンは、1棟当たり約1000個のパーツから成る。コンピューター制御された個々のパーツが、太陽の動きに合わせて傘のように開閉する。

Photo _ 2, 3

　2つ目は、サステナブルな技術。近年は他国と同様に、UAEでも省エネを推進するようになっている。ただし、アブダビは砂漠気候で夏の日中は平均して気温40℃以上、雨はほとんど降らないが海に面しているため、湿度も100%近くになることがある。そう聞くと、省エネなどできるのだろうかと絶望的な気持ちになる。アブダビで環境配慮型の建築をつくろうとすると、ビルを直射日光から守る方法を探ることが不可欠だ。一方で、固定式のスクリーンを設置すると、建物内部から外部の景観を損なう。日射対策として、この地域では熱線吸収ガラスか熱線反射ガラスがしばしば使われる。しかしそれでは室内が暗く、日中でも照明をつけることが多くなり、環境に配慮しているとは言い難い。

Photo _ 4

　3つ目は、バイオミミクリー的推論。日射を遮る際には隙間なくスクリーンで覆い、視線を確保する際にはなるべく開口が広い方が良い。検討を重ねる中で、外装スクリーンのレイアウトは、自然の形態であるハニカムを採用すると、様々な条件を満たし、かつ同じパターンで外皮を覆うことができると分かった。

　スクリーンが開閉する様子は、まるで建築自体が意思を持ち、呼吸しているかのようだ。アル・バハール・タワーズの外観が昆虫の巣か植物の趣を持つのは、このハニカムパターンによるところが大きいだろう。| Fig. 7 |

　このように、イスラムの伝統建築の要素を取り入れつつ、環境性能に関しては、LEED（米国発の環境性能認証制度）基準をベースに決めた。結果として、建物全体の二酸化炭素（CO_2）排出量を同規模の建物に比較して40%削減することが可能になった。

連 邦 の リ ー ダ ー 国 が 考 え る 都 市

●

アブダビの都市計画庁は、「アブダビの将来の成功は、建築界と公共とが別々に行動していたのではかなわない。両者が一体となって開発と政策とを統合していくことによって、素晴らしい住環境を実現できると考える」と述べている。また、サステナブルな開発に

Fig. 7 建物エンベロープ（外皮）の複層的な構成を分解して示した図。鉄筋コンクリート造のコア（内部）と外周鉄骨フレームで構成している。（資料：Aedas）

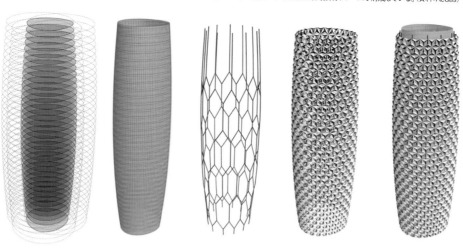

Photo _ 5, 6

対する意識を継続的に高めていくために、教育の重要性を強調している。

　このプロジェクトを知って、中東の建築もある分岐点に来たのかもしれないと感じた。我々は日常的に、プロジェクトへのアプローチ、契約、コミュニケーションなどにおいて、当たり前のように欧米のやり方に倣ってきている部分があるように思うが、アジアにはアジアの、中東には中東の、宗教だとか植民地というくくりではない流儀があるのではないかと漠然と感じることがあった。

　考えてみれば、厳しい自然と共存してきた彼らの、精細な装飾と静謐な空間を生み出してきたイスラムの、知恵を現代的に集約したならば、素晴らしい建築にならないはずがない。

　設計者は「決してこれが完璧な解とは思っていない」としつつも、この試みを「少なくとも、過去からの違いを生む最初の一歩」と語っている。本プロジェクトでは、バイオミクリーといった若干キャッチーなコンセプトを盛り込んではいるものの、環境、伝統をこのように重んじる傾向があると知って、なんだかとてもうれしい。

●

［菊地雪代、アソシエイト／プログラム＆プロジェクトマネジメント］

アル・バハール・タワーズ

所在地	アラブ首長国連邦（UAE）、アブダビ
延べ面積	8万2000m²
発注	Abu Dhabi Investment Council
意匠設計	Aedas
構造設計、建築設備設計、火災安全計画、ファサードエンジニアリング、音響、IT、ライティングデザイン、セキュリティーコンサルティング、交通コンサルティング、ロジスティクスコンサルティング	Arup
完成年	2012年

THEME	STRUCTURE	ストラクチャー
ARCHITECT	HEATHERWICK STUDIO	ヘザウィック・スタジオ
PROJECT	BOMBAY SAPPHIRE DISTILLERY	ボンベイ・サファイア蒸留所
PLACE	UNITED KINGDOM	英国
YEAR	2014	完成年

「ボンベイ・サファイア」蒸留所の増築、793枚のガラスを構造材に

2014年9月、英国のイングランド南岸、ハンプシャー州の村に、
不思議な形をした2つの温室が完成した。クラッカーから飛び出す
無数の紙テープが着水する軌跡のような形状——。
お酒のジン「ボンベイ・サファイア」の蒸留所とその付帯施設である。
設計は世界中で活躍する英国の建築家・トーマス・ヘザウィック氏だ。
彼らしい奇抜な形状のガラス建築は、
アイコニックでありながらエンジニア泣かせでもある。
完成イメージを保ったまま、設計を合理化するために、
何を行ったのだろうか……。

Photo _ 1 　　　「ボンベイ・サファイア」の蒸留所と温室の外観（写真：Iwan Baan）
Photo _ 2 　　　複数の建物が立つ間に、テスト川が流れている（写真：Iwan Baan）

Photo _ 3
Photo _ 4

熱帯植物用の温室は、室温を26℃以上、湿度を80％以上に保っている。地中海性植物用の温室は、霜が発生しない程度に温めている（写真：Iwan Baan）
合わせガラスの中間膜は強度のある「SentryGlas」を使用した。温室という特性上、紫外線をカットしないものだ（写真：Iwan Baan）

5

Photo _ 5　　施工時の様子。温室は、英国の建築環境性能評価制度であるBREEAMにおいて、
　　　　　　5段階評価で最高レベルの「Outstanding」の評価を得ている（写真：Arup）

Photo _ 1

Photo _ 2

Photo _ 3

英国ハンプシャー州のテスト川沿いにあるボンベイ・サファイアの蒸留所は、かつては紙幣用の紙を作る製紙工場だった。敷地には49棟もの建物が集落のように集まって立っており、この十数年ほどは廃虚と化していたという。

　2010年上海万博の英国パビリオンやガーデン・ブリッジなど、奇抜なデザインで注目されているヘザウィック・スタジオが、今回の蒸留所増築の設計者に選定され、既存の49棟のうち23棟を選び改修することになった。テスト川のほとりに蒸留所、ビジターセンター、温室を配している。

　保存された23棟の中で、赤レンガの建物が3棟、歴史的建造物の「グレードII」に登録されている。そのうちの2棟に、それぞれ2基の蒸留機を配置し、年間2500万リットルのジンを生産する蒸留施設とした。

2 つ の 温 室 に 蒸 留 の 熱 を 送 る

●

蒸留したジンは、希釈し、その後に65℃程度の温度で植物などを煎じて香り付けしてからボトルに詰める。この時に出る熱が、クラッカーのような形をしたガラスの温室部分に送り込まれる。

　増築した温室は2つある。1つは高さ15mで地中海性の植物を、もう1つは高さ11mで熱帯の植物を育てている。香り付けに使った植物は、その後にバイオマスの燃料として燃やされる。2基分の蒸留機が稼働する際に生じるバイオマスからのエネルギーは、蒸留機1基が稼働するのに相当する量だという。バイオマスから副産物として出る炭酸カリウムは、農場に送って肥料として使う。

　このような仕組みが評価され、英国の建築環境性能評価制度であるBREEAMにおいて、5段階評価で最高レベルの「Outstanding」の評価を得た。

ガ ラ ス 面 を 遮 ら な い

●

この温室の設計コンセプトの1つが、「ガラス面を補強材などによって遮らないこと」。温室の平面は単純な円形ではなく、31個の"プリーツ"から成り、剛性を高めている。プリーツの"尾根"の部分と"谷"のフロー（流れ）を表現している部分にはブロンズ色の金属を配し、この建物の特徴的な外観を構成している。

　フローの間に設置したガラスは全部で793枚。当初はそれぞれを2方向に曲げた、いわば鞍のような形状のガラスを含む設計だった。ただ、これでは大幅に予算オーバーすることから、ガラスの「合理化」が必要となった。| Fig. 6 |

　まずはガラスを曲面の曲率で大分し、1方向のみにカーブした"筒の一部を切り出したような"ガラスで構成することを検討した。

　その後、微妙に生じてしまうカーブ部分のズレは、複数のコネクターでガラスを押さえるようにしてフレームにはめ込んでいる。例えば、ガラスが面外方向にはらみ出さないように押さえるコネクター、面内方向に拘束するコネクターなどだ。このようにフレームとガラ

Fig. 6 < 　上は当初の2方向曲げガラスでつくった温室のモデル。下は1方向曲げガラスのみでつくった温室のモデル。
　　　　　合理化を図りながらも当初のイメージに近いものを構築している(資料：Arup)

Fig. 7 > 　コネクターのオリジナル検討案。赤いコネクターは面外方向にガラスがはらみ出さないように押さえ、
　　　　　緑のコネクターは面内方向に拘束、青いコネクターはフレーム同士をつなぐ役割を持たせた(資料：Arup)

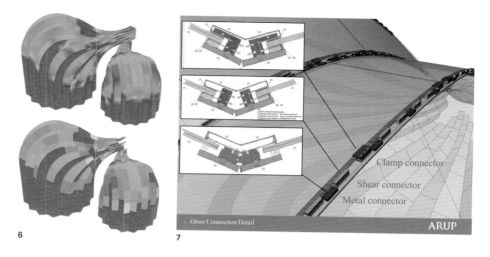

6　　　　　　　　　　　　　　　　7

スを一体化することによって、ガラスが力学的な役割を果たすことが可能となった。│Fig. 7│

　　意匠設計者の希望する温室の形状を維持しながら、施工性やコストなどを考慮し

Photo _ 4, 5

て最適化を図っていった。技術的検討の過程では、当然風などの水平荷重も考慮した

上で、構造モデルに落とし込んだ。

　　それにしても、なぜお酒には蘊蓄がつきものなのだろう。通常、ジンにはその風味の

鍵となる植物を4−5種類使うそうだが、ボンベイ・サファイアでは10種類を使っており、そ

れら全種類をこの温室の中でも見ることができる。ちなみにその10種とは、ジュニパー、

レモンの皮、コリアンダー、アンゼリカ、オリス根、アーモンド、ツルナスビ、パラダイスシード、ク

ベブ、リコリス、桂皮だ。

　　今日も誰かのジン1杯のひと時が、少しでも楽しいものになりますように──。

●

［菊地雪代、アソシエイト/プログラム&プロジェクトマネジメント］

ボンベイ・サファイア蒸留所

所在地	英国、ラバーストーク
敷地面積	2万235m²
延べ面積	4500m²
発注	Bacardi Limited
意匠設計	Heatherwick Studio
温室部分構造設計	Arup
構造設計	Graham Schofield Associates
建築設備設計	Couch Perry Wilkes
完成時期	2014年9月

THEME	STRUCTURE	ストラクチャー
ARCHITECT	ARUP	アラップ
PROJECT	KINGSGATE BRIDGE	キングスゲートブリッジ
PLACE	UNITED KINGDOM	英国
YEAR	1963	完成年

世界遺産への
"架け橋"、
オーヴ・アラップの
最高傑作

アラップ社創業者のオーヴ・アラップ（1895−1988年）が設計し、
自ら最高傑作だと位置付けているプロジェクトがある。
「ダラムの歩行橋」だ。完成したのは1963年。プロジェクトとしては古いものであるが、
この小さな橋に込められたアラップの柔軟な設計思考をひも解いてみたかった。
最高傑作という理由はどこにあるのか？
ダラムの歩行橋がある英国・ダラムの街は、世界文化遺産で有名だ。
日本でも1993年に姫路城などが初めて世界遺産登録がされてから、
現在（2021年9月）では25カ所もの世界遺産がある。
遺産を抱える地域は、景観を守りながら増加する観光客への対応も迫られ、
多くの課題をはらんでいるに違いない。
そのような視点からも、このダラムの歩行橋における
「トータルデザイン」の志は何らかの示唆を与えるものだろう。

Photo＿1　　　　ダラムの歩行橋と大聖堂。歩行橋は1963年に竣工した。正式名称は「キングスゲートブリッジ」だ（写真：Arup）

053

Photo _ 2 　大聖堂は1093年にカトリック・ベネディクト派の修道僧によって起工された。要塞を持つダラム城も同じく11世紀の建立である。
この大聖堂は、映画ハリー・ポッターの中で、ホグワーツ魔法魔術学校として登場している。ダラム城は、1832年に英国で4番目に古い大学として
開校したダラム大学の学生寮となり、今でも使われている。ダラム城が世界遺産登録されたのは1986年のことだ（写真：John Donat）

Photo _ 3 　背後に学生組合会館が見える（写真：Giles Rocholl Photography）
Photo _ 4 　川岸に仮設をつくり、橋の一方の側を施工している様子（写真：Arup）
Photo _ 5 　満足げに歩くオーヴ・アラップ。完成前のダラムの歩行橋にて（写真：Arup）
Photo _ 6 　橋脚を回転させるためにはそれぞれの基礎部分に軸受けが必要となる。
しかし、使用するのは施工時の一度きりのため、必要な強度は満たしつつ、安価なものを採用した（写真：Arup）

英国中部に位置するダラムは、蛇行するウィア川とその渓谷によって三方を囲まれた台地にある、天然の要塞都市だ。11世紀に建てられた大聖堂とダラム城が世界遺産に登録されている。ダラム城は1832年に開校したダラム大学の学生寮として使われ始め、1960年ごろには学生の増加によって、川を渡った離れた場所にも学生組合会館を建てる必要が出てきた。その施設同士の動線を結ぶ役割を担うのが、「ダラムのフットブリッジ（歩行橋）」である。

　　歩行橋の完成時には大聖堂とダラム城は世界遺産登録されていなかったが、歴史があり美しいダラムの街での建設工事に対しては、市民からも大きな関心が寄せられた。そして、設計者に指名されたのが、オーヴ・アラップ（以下、オーヴ）であった。

オーヴ・アラップが情熱を注いだ橋

●

当初、大学側が示した歩行橋の原案は、ウィア川の水面近くにスパン約40mの橋を架けるというものだった。学生は両岸でそれぞれ、土手の高低差15mを階段や斜路で昇降する。この予算は3万5000ポンド（当時のレートで3500万円。現在の貨幣価値で1億7000万円程度）。

　　一方、オーヴは、急な坂を下ってまた上がるのはエネルギーの浪費であり、この谷の深さを利用すべきである、と考えた。川岸の2カ所からV字に橋脚を伸ばし、4点で橋を支えるという案を提案した。こうすることで、支点間のスパンが20m程度となり、逆に経済的になるという内容だ。| Fig. 7 |

Fig. 7　　橋の高さは約17m、全長は約107m。橋脚の支点間のスパンは約20m（資料：Arup）

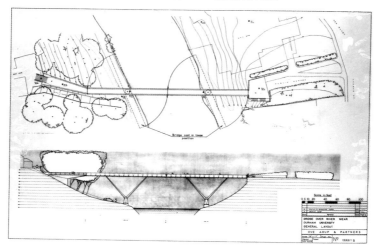

How to build?（どう施工するか）

●

オーヴの口癖でもあり、アラップ社内で引き継がれている信条の一つに、「How to build?（どう施工するか）」がある。施工方法を考えていない設計などナンセンス。

　　橋を建設するうえで時間もコストもかかり、水上交通の妨げになるのが水中の仮設

Photo _ 3, 4

工事である。オーヴは、橋の鉄筋コンクリートの構造体を半分ずつ川の両岸にて川と平行するようにつくった後、岸から回転させて川に渡し、橋桁の中心部を接合させる、というアイデアを出した。この工法であれば、水中の仮設足場を設けずに施工できる。現在では1つの工法として使われているが、当時は画期的な方法だった。

　もちろんこれが全ての橋の建設に適用できるわけではない。だが、川幅より土手間の幅が広く、構造体を回転させるスペースが確保できたダラム歩行橋のケースにはふさわしかったといえる。

　橋脚を回転させるとなると、根元の回転部分は剛接合でなければならない。一方、できる限りスレンダーな橋脚とするためには、軸力だけしか生じさせないことが必要となる。そのために橋桁を支える頂点はピン接合としなくてはならない。その姿は枝分かれしている松葉のようである。

　橋脚の断面形状は、座屈に強い形状とすることを最優先しつつ、エッジの効いた緊張感をも持たせたい……。そこで橋脚の根元から頂上までなめらかに変化する断面形状が生まれた。| Fig. 8 |

Fig. 8　　橋脚の断面形状がなめらかに変化していることが分かる図面(資料:Arup)

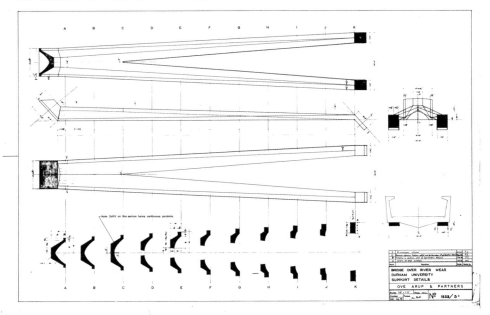

　回転した橋桁は、シンプルなデザインの銅製のエキスパンションジョイントによってつないでいる。アルファベットの「U」と「T」に見えるが、これは University（大学）と Town（町）をつなぐ、というオーヴ流のユーモアである。

Photo _ 5, 6

　この橋は、オーヴが目指した「トータルデザイン」を体現した作品として、自身も結果に満足していたという。| Fig. 9 |

オ ー ヴ・ア ラ ッ プ の 考 え る 「仕 事」

●

オーヴは、「生きるために働く」という現実に対峙するとき、「仕事それ自体を面白く、有意

Fig. 9　エキスパンションジョイント部分（写真：Giles Rocholl Photography）

　義なものにすべきだ」と考えていた。その方法は、「限りなき"質の追求"に邁進し、決して二流の結果に甘んじないこと」だ、と。

　この"質の追求"、すなわち"面白い仕事"が建築の一部に留まらず、建築を取り巻く環境全体へと波及するためには、「トータルデザイン」、言い換えれば他者との協力関係の中で適切な判断を下し、自身の勉強によって高みを目指すことが必要である、と言うのだ。

　さらに、後進を鼓舞する彼の言葉がある——。「トータルデザインは現実には極めて難しいことですが、チャレンジしてみる価値は十分あります。最高の結果を得るために必要なものであり、また私たち自身もそこからもたらされる刺激を必要としているのです」

　今日、トータルデザインというと、建築に携わる多様な専門家間の調整を取るという意味以上に、計画から廃棄までの建築のライフサイクルを見越した検討を意味するであろうし、広義に解釈すれば、建築が社会・経済・文化などを構成する要素の一部であり、単に協働する他者を超えた存在への影響も考慮すべき、という姿勢にも読める。

　さて、再び世界遺産に目を向ける。世界文化遺産の選定基準には、「建築、科学技術（中略）の発展に重要な影響を与えたある期間、またはある文化圏内での価値観の交流を示していること」とある。価値観の交流……。これもまた、トータルデザインの極み。

●

［菊地雪代、アソシエイト／プログラム＆プロジェクトマネジメント］

キングスゲートブリッジ

所在地	英国、ダラム
発注	University of Durham
設計	Arup
全長	106.7m
完成年	1963年

彫刻だって免震構造、世界観を表現するアラップの原点

芸術・文化の分野で優れた功績を挙げた人たちに贈られる「高松宮殿下記念世界文化賞」。同賞の25年目となる2013年、彫刻部門で英国のアントニー・ゴームリー氏が受賞した。アラップは同氏と何度も協働している。ここでは、アラップには建築だけでなく芸術作品の世界観を実現するための構造設計の仕事もあることを紹介したい。構造設計というと、ある程度の規模の建築物に対して、複雑な構造計算などをするもの、というイメージがあるかもしれない。しかし、アーティストや芸術作品そのものが持つ世界観を実現し、見たことの無いものを引き出す場面こそエンジニアの腕の見せどころだ。素材の物性、自然の原理など「既にそこにあるもの」を生かし、組み合わせることがエンジニアリングの原点であると思い出させてくれる。

Photo_1

彫刻家のアントニー・ゴームリー氏は、人間の体と自然との一体感や連続性をテーマにした作品づくりをしている。大阪の中心地にある「MIND-BODY COLUMN」と題された作品は、彼自身の体をかたどった鋳鋼を10体分積み上げ、さらに背中合わせに連結した、高さ15m以上にもなる彫刻である。

人間にとっての大地は地球であり、その核の主成分である鉄を素材とすることで、直接的に「大地と人間の連続性」を、上下に積み上げることで「人から人が生まれ発展していく様」を、そして背中合わせの2体が「過去と未来」を見つめている、というコンセプトである。

この彫刻の足元は幅が170mm、彫刻全体の立横の比率は約1/90という一見不安になる細長い比率である。地震国である日本では、何らかの地震対策が必要になるが、本作は約15トンという重量である。地震時の応答加速度を減ずるため、彫刻を支持する台座の下に球面すべり支承を設置した、免震構造とすることに決定した。|Fig. 5|

Photo_2, 3

Photo_4

鉄の肌質にこだわるゴームリー氏は、溶接はおろか、一切の補修も容赦しない。この鋳鋼10体分を溶接なしで積み上げるためにアラップが提案したのは、「焼き嵌め」と「冷やし嵌め」という手法である。基本原理は、温度差による鉄の膨張と収縮を利用したもので、オス側を冷やして収縮させ、メス側を暖めて膨張させ、それぞれを差し込む。温度差がなくなるとプレストレスを導入して接合できる。ただし、この彫刻の肉厚は不均一で、応力状態を机上の計算で予測することは困難だった。そこで、解析プログラムを用いてシミュレーションを行った。結果、メス側に対して、オス側を約1/600倍大きくし、1/1000mmの精度で機械切削した。胴体側は240℃、足首側は-100℃、それを2秒足らずの間に一気に差し込む、緊張の瞬間である。

こうやって一切の溶接もバリも補修も無い鉄の肌には、雨水が滑らかに流れる。その雨水によってできた錆が描く赤褐色の筋模様こそが、人間の流す涙や血のメタファーだということだ。

根底に流れる「人」への意識

●

ゴームリー氏は、human(ヒューマン、人)という言葉をキーワードのように用いている。このような芸術性の高い作品に関わっていると、エンジニアリングというのは原点に帰ることなのではないかと感じる。というのも、力の流れや材料の特性にじっくり寄り添えば、すでに答えがそこに用意されているような感覚になるからだ。

もちろんそれは口で言うほど単純ではなく、あまのじゃくな姿で現れることもある。ゴームリー氏が目指した、ベルベットのような肌を持つ鉄、伝統的な鉄の加工と最新の耐震技術の組み合わせ……このパラドクスがお互いを引き立て合っている。

●

[菊地雪代、アソシエイト/プログラム&プロジェクトマネジメント]

Fig. 5 免震構造にした足元の図。この免震構造にすれば応答加速度は約1/3となり、大地震時においても転倒しない(資料:Nigel Whale Arup)

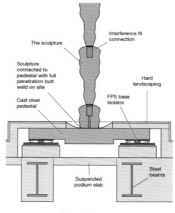

The sculpture

Interference fit connection

Sculpture connected to pedestal with full penetration butt weld on site

Cast steel pedestal

Hard landscaping

FPS base isolator

Suspended podium slab

Steel beams

Multistorey basement

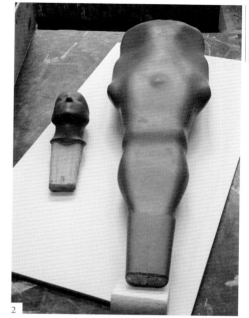

Photo _ 1 　　　　大阪市北区梅田のビル群の中に立つ作品（写真：Osamu Murai）
Photo _ 2 　　　　木型（写真：Arup）
Photo _ 3 　　　　焼き嵌めの瞬間（写真：Arup）
Photo _ 4 　　　　ゴームリー氏は2013年、彫刻部門で「高松宮殿下記念世界文化賞」を受賞した（写真：Osamu Murai）

世界のプロジェクト

2

SUSTAINABILITY
サステナビリティー

世界に先駆けて取り組んできた環境配慮分野

世界各国が温暖化ガス排出量の削減義務を負い、
脱炭素社会に向けて舵を切った。
建築・都市分野もその大きなうねりにの中にいる。
Section 2では、脱炭素化を目指した増築・改修プロジェクトや
建材に持続可能な素材を選択したプロジェクトなどをまとめた。
実はアラップでは、1996年から独自に取り組んできた、
エネルギーを自給自足できる学校の整備事業がある。
エンジニアリングの力でどこまで社会に貢献できるか──。
Sustainableなアラップの挑戦をお届けする。

THEME	SUSTAINABILITY	サステナビリティー
ARCHITECT	HKS-WOODS BAGOT-EDS-KYA JOINT VENTURE	HKS・ウッズバゴット・Eds・KYAJV
PROJECT	SAN FRANCISCO INTERNATIONAL AIRPORT (SFO)	サンフランシスコ国際空港
PLACE	UNITED STATES OF AMERICA	米国
YEAR	2023	最終完成予定年

米国サンフランシスコ国際空港が約2600億円の増築・改修で「脱炭素化」へ

新型コロナウイルス感染症のまん延をきっかけに地域間、
国際間の移動が大幅に制限され、飛行機に乗る機会もすっかり減ってしまった。
一方、気候変動に関する政府間パネル(IPCC)が、
地球温暖化は「人間活動が原因」と発表したことなどを背景に、
空港における温暖化ガス削減への取り組みが進んでいる。
日本でも成田国際空港が2050年度までに
二酸化炭素(CO_2)排出量を15年度比で
半減させるとの目標を、21年3月に発表した。
世界の他の空港ではどのような取り組みが行われているのだろうか?
とりわけ環境配慮への意識が高いといわれる、
米国カリフォルニア州に位置する
サンフランシスコ国際空港の取り組みを紹介したい。
なお、米国では既に詳細な報告書も公開されている。

Photo _ 1   米国にあるサンフランシスコ国際空港（SFO）のハーベイ・ミルク第1ターミナル。
ターミナル名の"ハーベイ・ミルク"は、カリフォルニア州史上初めてLGBTQ（性的少数者）であることを公表して選出された市会議員の氏名だ。
第1ターミナルに命名したのは2018年（写真：Austin Webcor）

Photo _ 2   大きな窓は、アメリカの建材スタートアップ企業であるビューの、「ビュー・ダイナミック・グラス」を使用した
エレクトロクロミック・グレージング（ダイナミック・グレージング）を選択した。電圧や電流をかけることで、必要に応じて透明と着色の状態を切り替えられる。
まぶしさを抑え、日射による熱取得を低減できる（写真：Austin Webcor）

Photo _ 3 　空港特有のエネルギー負荷の高い設備がある。例えば、エプロンや誘導路を照らすハイマスト照明、
　　　　　　　　ターミナル経由で充電される機器充電ステーション（手荷物運搬車や航空機のけん引車用）、手荷物運搬システム（BHS）、
　　　　　　　　駐機中の航空機への電力供給などがあり、それらを詳しく分析した（写真：Arup）

Photo _ 4 　写真は個別のトレイによる手荷物運搬システム、ICS（Individual Container System）。大幅に電力使用量を削減できる。
　　　　　　　　トレイを使うため、手荷物のストラップや車輪がコンベアに引っかかるといった、故障・不具合が発生する可能性が低くなる（写真：Arup）

5

6

Photo _ 5 　輻射式冷暖房用の天井パネルを設置する際に考慮したのは音響だ。熱環境と音響の両面でバランスの取れた天井仕上げを見つけるのは難しい。
　　　　　　一般的には、金属製の天井パネルに穴を開けて、背後に吸音材を設置する。しかし、穴が多すぎると、輻射に必要な金属面が減ってしまう。
　　　　　　SFOでは意匠設計者とともに、新たなパンチングパネルを開発した（写真：Austin Webcor）

Photo _ 6 　内装材については、厳しい室内空気排出基準に合わせて材料選定を行った。例えば、カーペットは、1m²当たりの地球温暖化係数を分析し、
　　　　　　サンフランシスコ環境コードに準拠しているかを確認。さらに歩行量に対する耐久性のバランスを考慮した。
　　　　　　他の建材についても、人の健康への影響や、環境負荷、建設時の温暖化ガス排出量などを考慮して選定している（写真：Austin Webcor）

Photo _ 7 　 屋根に設置した太陽光発電パネルによる自家発電に加えて、グリッドから再生可能な電力を購入することで、
空港の長期的な温暖化ガス削減目標を達成している（写真：Arup）

Photo _ 8 　 SFOは、温暖化ガス削減戦略の一環として、航空会社や地上サービス業者に対して、航空機の地上支援機材（GSE）の車両を従来のディーゼルから
電気式（eGSE）に移行するよう奨励している。SFOでは、小型ゲートに4台分、大型ゲートに10台分の充電ステーションを設置する予定だ（写真：Arup）

Photo _ 9 　 ハーベイ・ミルク第1ターミナルは、LEED認証 v4 BD+C（新築）のゴールドレベル取得を目指している。
改修後は、以前のターミナルに比べて収容力が70%増加し、エネルギー使用量は70%減少する見込みだ（写真：David Knight、Arup）

米国・カリフォルニア州にあるサンフランシスコ国際空港（SFO）の第1ターミナルは、1960年代に建設された。その後の数十年間、特に2000年以降は航空需要が高まり、増築や改修が必要となった。以降、飛行スケジュールや空港運営に影響を与えないような改修方法が検討されてきた。

ハーベイ・ミルク第1ターミナルと名付けられた新ターミナルは、約11万m²の広さだ。建設は16年に始まり、その一部である9つの新ゲートが19年7月にオープンした。20年5月にはさらに9つのゲートを含む第2ステージがオープンし、21年半ばに7つのゲートが稼働した。増築や改修にかかった全体の総工費は約24億米ドル（約2600億円）。23年に最終の2つのゲートが完成した際には、1日当たり約400便の運航と、年間利用者約1700万人に上ることを予測している。

SFOの運営者は以前から持続可能性に関心を寄せており、空港の「戦略的計画2017−21」では、21年までにネット・ゼロ・エネルギーとすることを目指してきた。この計画の一環として、SFOは廃棄物ゼロ、温暖化ガスの排出量を50%削減（1991年比）、節水を最大限に行い、新規および既存の施設を地球にとっても人にとっても"健康的"、いわばサステナブルなものにしたいと考えた。

さらに同社は「ZERO（Zero Energy and Resilient Outcomes）委員会」を設置し、SFOにおける進行中、あるいは計画中のあらゆる空港プロジェクトをレビューした。レビューの観点は、ライフサイクルコスト、トリプルボトムライン（企業活動を経済面のみならず、社会面、環境面からも評価しようとする考え方）、その他の機器システム分析である。

手 荷 物 運 搬 シ ス テ ム を 見 直 し
●

本ターミナルでは、手荷物運搬システムに着目した。これまでターミナル全体で6つのバラバラなシステムを使用していたが、調整が複雑な上、エネルギー消費量も膨大だった。

一般的に多くの空港では、ベルトコンベヤー式BHS（Baggage Handling System）を採用している。ベルトコンベヤーは、可変電圧可変周波数制御と呼ぶ装置で駆動し、1つのモーターで20mから30mの長さのベルトを動かす。このベルトコンベヤーのどこかに1つでも手荷物があれば、モーターを動かして電力を使うことになる。

SFOの改修で新たに採用したシステムICS（Individual Container System）では、1つの手荷物を長さ2mのコンテナトレイに入れる仕組みとなっている。トレイはベルトコンベヤーではなく、個別に制御したローラーモジュールで搬送し、モジュール上にトレイがなければ、電力が流れない。ICSのエネルギー消費量は、従来のBHSと比べて半分だ。

また、ICSは1つのラインで1時間に最大約3000個の手荷物を処理でき、搬送速度も速い。荷物の移動距離が長い大規模空港では特に有効だ。なお、人間1人が半日仕分けして処理できるのは1500個程度などといわれている。

従来の手荷物運搬システムでは、常駐するスタッフが保管室に送られた手荷物の仕分けを行うため、ヒューマンエラーが発生する可能性がつきまとった。ICSでは、各トレイにRFID（Radio Frequency Identification）タグを埋め込んでいる。手荷物のIDとトレイ

Photo _ 1

Photo _ 2

Photo _ 3

Photo _ 4

のIDを結び付けることで、RFIDタグを介してコンテナを追跡できる。これにより、例えばセキュリティー検査で不合格になった手荷物は自動的に保管庫に送り返すなど、複雑な作業を自動化でき、荷物の行方不明事象や、作業にかかるスタッフ数を減らすことも可能だ。│Fig. 10│

Fig. 10 　アラップは、BHS設計者および設置者であるボイマーと密接に協力した。米国の空港でこのようなシステムが採用されるのは初めて。
ボイマーはBHSに対して環境製品宣言書と健康製品宣言書を提出した。これも業界初の試み（資料：Arup）

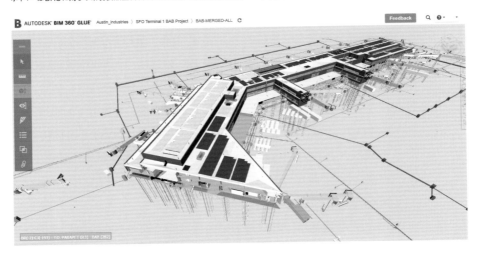

さらに省エネ対策の必要があったのは、冷暖房システムだ。24時間運用の搭乗ゲートでは、かなりの電力を消費する。

本改修では、置換換気システムを採用した。大きな柱の仕上げボード裏や壁パネル内を介して低速度で低温の空気が送られる。低速なので、ファンの搬送動力が少ない。供給した空気は人の活動域の高さで温まって上昇するため、部屋全体を冷やす必要がなく、特に冷房時のエネルギー消費を抑えられる。空間全体を冷やすために、天井から大量の冷気を送り込むような一般的な冷房との違いは明らかだ。

搭乗待合室は輻射式冷暖房を採用し、天井に輻射パネルを設置した。エネルギー消費量を大幅に削減できるだけでなく、空調ファンが不要となるので省スペース化とコスト削減を実現した。乗客の快適性が向上したのはもちろんだ。

Photo _ 5, 6

ウェザーシフトで未来の気候変動に備える

●

持続可能な建物を作るためには、将来の気候の変化を推測して、あらかじめ準備ができないものか、と考える。このプロジェクトでは、今後数十年の気象パターンを把握するために、WeatherShift（ウェザーシフト）というツールを使用した。アラップとIntegrated Environmental Solutions、Argos Analyticsと共同で開発したツールで、地域の気候変動予測を基に、年間の気象プロファイルを作成し、将来の建築性能のシミュレーションに役立てるものだ。

一般的には、過去100年間の降雨量の測定データに基づいて計算したIDF（降雨強度、降雨時間、頻度）曲線を考慮して設計する。しかし、気候変動が急速に進んでいるた

め、過去100年に基づく計算では、信頼性に欠けると考えられるようになった。

　設計時に参照する気象データを未来のものに「シフト」することで、建物やインフラ、都市のマスタープランが将来の気象に耐えられるかを検証できる。その結果を基に、計画にはレジリエンス(機能維持・回復)を見込める他、改修などの頻度も減らして、ライフサイクルコストを最小限に抑えることが可能だ。

　今回は主に、将来増加が予想される降雨量が、空港エプロンの雨水排水システムにどのような問題を与えるかを確認するためにウェザーシフトを使った。結果として、くぼ地とパイプの排水システムが集まる結節点の一部を補強する必要性があった。パイプを18インチから24インチに変更し、そのコストは5000米ドル未満。問題が起こってから対応することを考えると、非常に価値のある投資になった。

Photo _ 7

　エアサイド計画については、最新の航空機の組み合わせに柔軟に対応できる航空機駐機計画を作成した。大型のエアバスA380と将来のボーイングB777-9Xに対応した、2対1のマルチ・エアクラフト・ランプ・システム(MARS。小型機2機分か大型機か、どちらにも対応可能な搭乗ブリッジ)を備えた6つのゲートを含む。

　SFOでの初の試みとしては、従来の駐機スポットの後部に加えて、前部にも車両サービスロード(VSR)を設置した。これによって、地上支援機材(GSE)が転回する回数を減らし、作業効率が向上する。衝突などのリスクも減るため、航空機整備の安全性も上がる。

Photo _ 8, 9

　コロナ禍で、ハーベイ・ミルク第1ターミナルの改修工事は一時期減速したが、施工者が検査やマスク着用などのルールを早急に整備し、工事を推進してきた。空港利用者が激減したことによって、逆に工事が予定より早く進んだ場所もあるという。一部の内装工事は、急いで仕上げる必要がなくなったため、工事を遅らせた。想定利用客の約1700万人に戻るまでには、数年かかるだろうと見込んでいる。

●

[菊地雪代、アソシエイト/プログラム＆プロジェクトマネジメント]

サンフランシスコ国際空港

所在地	米国、カリフォルニア州
発注	San Francisco International Airport
規模	約11万m²
意匠設計	HKS-Woods Bagot -Eds-KYA Joint Venture (ただし、ハーベイ・ミルク第1ターミナルの搭乗エリアB部分のみ。ターミナル・センターと呼ぶ区画は、Gensler-Kuth Ranieri joint venture)
(搭乗エリアBとエプロン部の計画における)土木、建築設備設計、環境設備設計、防火安全設計、音響とAVのコンサルティング、空港計画と分析	Arup
施工	Austin-Webcor joint Venture (ターミナル・センターは Hensel Phelps)
最終完成予定年	2023年
増築や改修にかかった全体の総工費	約24億ドル(約2600億円)、そのうちアラップが担当した搭乗エリアBの改修費は約7億2000万ドル(約785億円)

THEME	SUSTAINABILITY	サステナビリティー
ARCHITECT	MATTHEW BARNETT HOWLAND WITH DIDO MILNE AND OLIVER WILTON	マシュー・バーネット・ハウランド、デイド・ミルン、オリバー・ウィルトン
PROJECT	CORK HOUSE	コルクハウス
PLACE	UNITED KINGDOM	英国
YEAR	2019	完成年

屋根も壁も
コルク造の住宅、
英国の設計者が挑んだ
「完全循環型デザイン」

Cradle to Cradle（C2C、クレイドル・トゥ・クレイドル）という言葉をご存じだろうか。
"揺り籠から揺り籠まで"を意味する。
この言葉は、英国がかつて掲げたスローガン、
"揺り籠から墓場まで"をもじったものである。
1970年代に提唱された後、2002年に米国で出版された書籍
「Cradle to Cradle: Remaking the Way We Make Things」の中で、
「完全循環型デザイン」として定義された。
同書は、米国の建築設計者ウィリアム・マクダナー氏と、
ドイツの化学者ミヒャエル・ブラウンガルト氏による共著だ。
C2Cとは具体的にいえば、大量生産の結果、
"廃棄はやむを得ない"とする従来の考え方を根底から見直し、
自然界の生命のように循環し続ける製品、仕組みづくりを提案する考え方を指す。
そのコンセプトを体現した住宅「コルクハウス」について紹介する。

Photo _ 1 　コルクハウスは建築設計者のMatthew Barnett Howland（マシュー・バーネット・ハウランド）氏と
Dido Milne（ディド・ミルン）氏の自邸の庭に建設した（写真：Ricky Jones）

Photo _ 2 　バランスよく配置した開口が開放感を生んでいる。吸音効果の高いコルク材で覆った室内は、驚くほど静かだそう（写真：Ricky Jones）

Photo _ 3	ポルトガルでのコルク採取。コルクガシから樹皮のコルク層をはぎ取る様子（写真：Andrew Laurence）
Photo _ 4	コルクブロックのもととなるコルクチップ。繊維が粗いなど、品質が低く、コルク栓の材料としては不適とされる（写真：Andrew Laurence）
Photo _ 5	コルクチップを細かく砕いたものを400℃まで加熱して圧縮し、コルクブロックを形成する。接着剤やつなぎを不要とし、100％自然の材料で加工している。
	こうして加工したブロックには、素地だけでも断熱性や耐候性がある（写真：Andrew Laurence）
Photo _ 6	モックアップの屋根を組み立てる様子。レゴブロックのように積み上げていく。コルクブロックの重さは1個当たり16kg以下（写真：Gavin Maloney）
Photo _ 7	モックアップは大学の実験施設で一度組み立て、強度を検証した後に解体。耐候性を検証するため屋外で再度組み立てた。
	素地のコルクブロックのみで仕上げた屋根は、水はけに課題があることが判明し、本設では一部に樋（とい）として金属板を追加した（写真：Gavin Maloney）
Photo _ 8	屋根裏を下から見上げると、トップライトから光が優しく降り注ぐ（写真：Alex de Rijke）

「コルクハウス」は2019年、英国・ロンドン近郊のバークシャー州イートンに完成した。イートンは19世紀から続く伝統的な工場地域である。その一角に、5つに連なるとんがり屋根のコルクハウスはたたずむ。

意匠設計者のMatthew Barnett Howland（マシュー・バーネット・ハウランド）氏とDido Milne（ディド・ミルン）氏は圧延加工したコルクの断熱性や耐候性に着目し、自邸の庭にコルクブロックを使った家を建てることを構想した。そして両親のためのセカンドハウスとして計画したのが、コルクハウスだ。床などに使ったCLT（直交集成板）部材や杭基礎を除き、大部分をコルクでつくり、また設計者自身の手作業によって建設した。

Photo _ 1, 2

アラップはコルク造の住宅を実現するため、構造設計と火災安全設計のエンジニアとして、コルク材の配合検討から設計までをサポートした。

低環境負荷材としてのコルクの魅力

●

環境負荷が低い木材の中でも、コルクは樹皮を原料とするため、樹木を伐採することなく8−10年サイクルで採取できる。再利用も容易だ。本プロジェクトで使ったコルク材は、コルク栓のために採取する過程で出た副産物や廃棄物のコルクを加熱し、圧延して製造した。

Photo _ 3−5

コルクの原料となる木は育成期に二酸化炭素（CO_2）を吸収する。さらにコルクハウスでは加工や施工段階のCO_2排出量を低く抑えることで、原料から竣工までトータルのCO_2排出量を削減する「カーボンネガティブ」を達成した。カーボンネガティブとは、CO_2吸収量がCO_2排出量を上回る状態をいう。

また運用時も含めたライフサイクルにおけるCO_2排出量の合計は、建物の寿命を60年とした場合で619kg・CO_2／m^2と試算されており、英国の標準的な住宅（2011年のデータ）と比較すると約85%の削減となる。

参考まで、日本の国土交通省が主導する環境性能評価システムCASBEE（新築戸建て2018年版）の参照値によれば、日本の標準的な木造住宅でライフサイクルにおける総CO_2排出量は約100m^2、かつ寿命を30年と想定しても1411kg・CO_2／m^2と試算される。

解体のためのデザインを考える

●

「ゴミを減らす」のではなく、「ゴミの出ない仕組み」をつくるにはどうすればよいか。製品やサービスのライフサイクルにわたる仕組みを見直し、生産と利用の持続可能なサイクルを目指さなくてはならない。C2Cが投げかける課題だ。

リサイクルには分別が欠かせない。ペットボトルと缶は分別されて初めてリサイクルができる。建物でも同じことがいえるが、建物を解体して材料ごとに分別するのは意外と難しい。例えば鉄筋コンクリートは鉄筋とセメント、骨材が強固に結合しており、そのまま再利用はできない。鉄骨などの金属が塗装されていれば、リサイクルするために不純物を取り除く工程が必要になる。基礎の撤去も容易ではない。

　　生産と利用の持続可能なサイクルを実現するには、労力やエネルギーをなるべく使わず、材料ごとに解体できることが望ましい。本プロジェクトはこの点に向き合い、"解体"を設計した。

　　コルクハウスは壁から屋根に至るまで、1268個のコルクブロックからできている。凸凹に成型したコルクブロックはネジや接着剤を使わずに組み上げられる。古来、日本でも使ってきた組み手の要領だ。手作業で施工できる上、解体時もコルクブロックを破壊することなく取り外し、そのまま再利用もできる。

　　建物の基礎を支える杭も後から引き抜くことを想定し、英国内では道路標識に使うことが多いスクリューパイルを採用した。スクリューパイルとは鋼製の、ネジのように貫入する杭で、解体時は逆回転することで簡単に引き抜ける。このプロジェクトで使ったものは直径6cm、長さ2m程度の大きさだ。

　　これまで建物において、コルクは仕上げ材として使用されることがあったが、構造部材として用いることはアラップのエンジニアリング経験上では初めてだ。材料試験を行い、強度を検証して設計を進めたが、長期疲労などのデータは短期的な試験では得られないため、他の木材や竹といった材料についての知見を活用した。| Fig. 9 |

Photo _ 6-8

Fig. 9　　コルクのせん断強度と剛性を検証する試験は大学で実施した（写真：Gavin Maloney）

　　コルクに構造体と断熱材、両方の機能を持たせることは課題の1つだった。コルクの密度を高くすると剛性が上がり強度は高まるが、断熱性能は落ちる。そこで実験と計算によって、この2つの必要性能を満たす最適なコルクの密度を追求した。

　　また、コルクブロックの軽さによる課題もあった。屋根の乾式接合自体は古くからある工法だが、材料の自重による圧縮で安定を確保することが定石だ。コルクブロックの場合は重みが足りず、風であおられて浮き上がる恐れがあったので、屋根のトップライト部

Fig. 10　屋根の断面図。幅約350mm、高さ180mmのコルクブロックで構成し、コルクで構成した屋根の面外変形を木材のリング梁で抑え、トップライト部分の浮き上がりを防ぐ（資料：Arup）

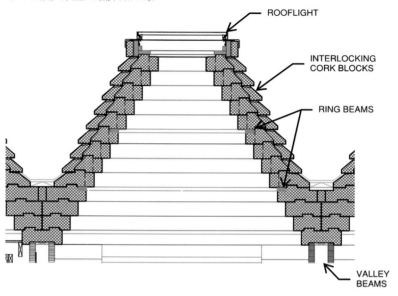

にガラスなどで重量を持たせてバランスを取った。│ Fig. 10 │

　　王立英国建築家協会（RIBA）は19年、コルクハウスの建物のライフサイクルに対する新しいアプローチを評価し、英国内の優れた建築プロジェクトに贈るRIBA Awardsにノミネート。さらにコルクハウスは、総工費100万ポンド（約1億4千万円）以下の建築プロジェクトを対象としたStephen Lawrence Prizeも受賞した。

　　革新的な挑戦に必ずしも巨額の予算は必要ない。コルク材の新しい使い方を切り開いたこの住宅は、環境への配慮と経済性、快適性を兼ね備え、サステナビリティーの1つの道を示した。

●

［山口真矢子、プロジェクト・マネージャー／プログラム＆プロジェクトマネジメント］

コルクハウス

所在地	英国、バークシャー州イートン
設計	Matthew Barnett Howland with Dido Milne and Oliver Wilton
構造設計、火災安全設計	Arup
施工	Matthew Barnett Howland
完成時期	2019年1月

THEME	SUSTAINABILITY	サステナビリティー
ARCHITECT	ARCHITECTUS	アーキテクタス
PROJECT	INCUBATOR / AINSWORTH BUILDING	インキュベーター／エインズワース・ビルディング
PLACE	AUSTRALIA	オーストラリア
YEAR	2017/20	完成年

豪州の大学に木造ユニット建築、「エンジニアリングウッド」の新たな潮流

日本で、CLT（直交集成板）を用いた建築物の普及に向けて、
法令が順次改正されて数年。
CLTを用いたプロジェクトが続々と完成している。
オーストラリアに目を向けると、
シドニー近郊にあるマッコーリー大学内にも2棟の木造建築が
それぞれ2017年7月、20年7月に完成した。
いずれも大断面集成材と、大判のCLTを用いた
エンジニアリングウッドによる構造である。
古典的な材料である木材を現代のテクノロジーを用いて
加工し組み上げることによって、
中大規模木造の大学施設を短工期で合理的につくった。

1

2

Photo _ 1　　意匠設計はオーストラリアの設計事務所 Architectus。アラップは、構造設計、ファサードエンジニアリング、建築設備設計、
　　　　　　環境コンサルティング、音響設計、ライティングデザイン、土木設計を担当した（写真：Murray Fredericks）

Photo _ 2　　外周のV字柱で鉛直荷重、水平荷重ともに負担することで、15m×32mの大空間を形成し、
　　　　　　インテリアの壁や外装フレームを全て重力と水平力から解放した。（写真：Murray Fredericks）

Photo _ 3 　　ユニット化した屋根の施工写真。外部に露出するV字柱には、オーストラリア国産の広葉樹ビクトリアンアッシュを採用した（写真：Strong build）

Photo _ 4 　　意匠設計はArchitectus。アラップは構造設計やファサードエンジニアリング、建築設備設計、
　　　　　　　環境コンサルティング、音響設計、オーディオ設計、土木設計を担当した（写真：Arup）

Photo _ 5 　　最大2.25m幅、240mm厚のCLT耐力壁を床上で事前に組み立て、施工時間を短縮した（写真：Arup）

Photo _ 6 　　1階のエントランスホール。梁間2.4mの天井内を設備スペースとし、梁上部に設けた貫通孔に配管を通している（写真：Arup）

オーストラリア・シドニーにあるマッコーリー大学で、キャンパス内に「インキュベーター」と呼ぶ建物がある。学生や研究者へ起業家訓練・教育プログラムなどを提供し、スタートアップの支援を行う施設だ。2016年7月に設計者が選定されてから竣工するまでわずか1年。17年7月にオープンした。

Photo _ 1, 2

短い工期である上に、コンペ時は敷地が定まっておらず、建物用途も明確ではなかった。加えて、将来、建物用途が変化しても柔軟に対応でき、解体移築も可能な建築が求められた。

昨今、欧州や日本ではCLTや集成材、LVL（単板積層材）などのエンジニアリングウッドの有用性がうたわれている。オーストラリアでもエンジニアリングウッドの重要性は注目を集めているが、中大規模の木造となると供給が間に合わず、欧州からの輸入に頼っているのが現状だ。

この建物では、外周のＶ字柱を除き、床組みと屋根組み構造には全て欧州から輸入したスプルース材を使用している。

Photo _ 3

CLTと集成材によりユニット化した床下部分は設備スペースとした。また、屋根組みも照明デザインと一体でユニット化することで、現場で素早く組み立てられる構造とした。屋根は、21m×3.6mのユニットを工場で22体製作。交通量の少ない深夜から早朝にかけて運搬した。たった5人の職人により面積約2000m²の屋根が4日間で組み上がった。

15分足らずで約15mの梁を施工

●

マッコーリー大学病院と近隣建物の間の狭小地では、木造4階建ての医学部保健学科棟「エインズワース・ビルディング」が20年7月に完成した。

16年1月にオーストラリアの建築基準（NCC）が改定され、高さ25mまでの木造建物の耐火設計が仕様規定に含まれた。そのため、この木造建物も設計開始から建物竣工まで約2年半という要求された期間で建築可能となった。

この建物は、CLTを用いた床板と耐力壁、800mm×350mmの集成材による柱と、約15mの長さで1380mm×350mmの大断面集成材梁により構成される。

Photo _ 4

このプロジェクトにおいても工場で事前に加工を施したユニットを採用し、工期短縮により大学キャンパス内の活動への影響を最小化した。また、構造の強度に影響がない範囲で梁に設備用貫通孔を設け、将来起こり得る変更にも柔軟に対応できるように設計している。

設備配管を通す貫通孔、接合部の切削、長尺ビスを打ち込むネジ穴まで全てが3Dでモデル化され、欧州の工場で加工し輸送された。現場で長さ15mの梁1本を施工

Photo _ 5, 6

するのに要した時間はわずか10分から15分であった。

CO_2排出量を瞬時に算出できるツール開発

●

海外からの輸送による環境負荷は無視できないが、船舶輸送であれば航空機輸送に

比べて温暖化ガス排出量（CO_2排出量）は約40分の1となる。また製造時および建設時のCO_2排出量の低減、木材の炭素貯蔵効果を考慮すると、木造建築は環境負荷低減に効果があるといえる。パリ協定におけるオーストラリアの30年CO_2排出量削減目標は、05年比で26−28%であり、これは日本を含む他の先進国に匹敵するレベルである。

アラップは、CO_2排出量を計算するための「アラップ・カーボン・ツール（Arup Carbon Tool）」を英国にて社内開発し、近年ではオーストラリアにも適用している。このツールを用いることで、木造だけでなく鉄骨造、鉄筋コンクリート（RC）造においてもコンセプト初期段階からオプションごとにCO_2排出量を素早く計算し、比較することができる。

さらに、BIMモデルの進捗に応じてCO_2排出量を計算しデータの推移を継続的に追跡することで、どの段階でどのような変更を加えたためにCO_2排出量が増加したのかを可視化し、設計チームに検討するきっかけを与える。│ Fig. 7 │

Fig. 7　構造と設備のBIMモデル。Arup Carbon Toolは構造部材の材料や強度などをBIMモデルまたは構造解析モデルから自動で読み込みCO_2排出量を計算する（資料：Arup）

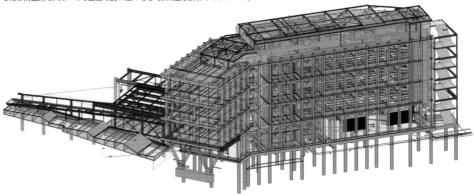

これまでは各構成要素にかかるCO_2排出量を詳細に計算するのに時間を要したため、算出が完了したときにはデザインが既に固まっており、デザインの詳細化スピードについていくことが困難だった。しかし、このツールを使えば、構造の解析モデルまたはBIMモデルを直接読み込み、10分以内でCO_2排出量の計算結果をリポートとして出力でき、どの要素がCO_2排出量を増やしているのかが一目で分かる。

「エインズワース・ビルディング」のケースでは、建設時に700トンの木材を使用。一般的なRC造の建築と比較して大幅にCO_2を削減できた。その削減量は、同施設を5年間運用するのに要する消費エネルギー量に相当することが確認できた。│ Fig. 8 │

輸送による費用や、環境負荷を考えれば木材の地産地消が理想的だ。しかし、森林資源が豊富ではない国や都市でも木材資源を活用し、炭素貯蔵能力を長期化することで地球環境に貢献できる。また、高度な技術を持つ職人や木材加工業者がいない地域でも、プレファブリケーション化や、ユニット化により中大規模の木造建築を短工期かつ高い精度で生み出すことは可能である。

エンジニアリングウッドを用いた中大規模の木造建築への期待がさらに高まれば、木材の需要が高まり、林業が活性化して森林資源が循環するようになる。例えば、建物解体時には大断面材を中小断面として再利用でき、最後は木質バイオマスとして燃料な

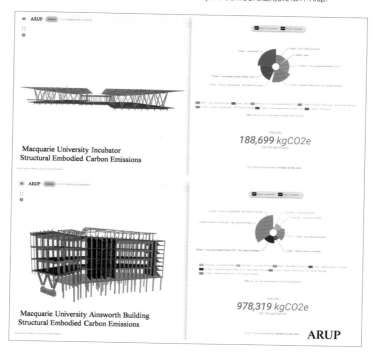

どのグリーンエネルギーとして使用する。

　　こうした木材利用の循環は、都市の建築に新たなイノベーションを生み、サーキュラーエコノミーへの移行を促進するきっかけになるであろう。

●

［髙松謙伍、シニア構造エンジニア／構造］

インキュベーター

所在地	オーストラリア、シドニー
延べ面積	953m²
発注	Macquarie University
意匠設計	Architectus
構造設計、ファサードエンジニアリング、建築設備設計、環境コンサルティング、音響設計、ライティングデザイン、土木設計	Arup
施工	Lipman + Strongbuild
完成時期	2017年7月

エインズワース・ビルディング

所在地	オーストラリア、シドニー
延べ面積	3325m²
発注	Macquarie University
意匠設計	Architectus
構造設計、ファサードエンジニアリング、建築設備設計、環境コンサルティング、音響設計、オーディオ設計、土木設計	Arup
施工	Buildcorp
完成時期	2020年7月

THEME	SUSTAINABILITY	サステナビリティー
ARCHITECT	JAMES RAMSEY、 DAN BARASCH	ジェームス・ラムゼイ、 ダン・バラシュ
PROJECT	LOWLINE	ロウライン
PLACE	UNITED STATES OF AMERICA	米国
YEAR	2015-17	研究施設公開期間

米NYで世界初の
「地下公園」構想、
昼光利用で
廃虚を再生

魅力的かつ安全な地下空間を創造することは、
大都市が抱える課題の1つでもある。
重要な要素の1つは「光」だ。
廃虚となっていた既存地下空間を
緑豊かな都市施設へと変える、
太陽光反射システムを使った
米国・ニューヨークでの試みを紹介する。

Figure _ 1　　　共同創案者のジェームス・ラムゼイ（James Ramsey）とダン・バラシュ（Dan Barasch）によって提案されている地下公園 Lowline（資料：RAAD Studio）
Photo _ 2　　　既存地下空間（写真：Arup）
Photo _ 3　　　デランシー通りの地上部の様子。交通量が多い（写真：Arup）

4

5

6

Photo _ 4　　　屋上に設置したヘリオスタット（右奥）と集光装置（左手前）（写真：Arup）
Photo _ 5　　　集束された太陽光が、筒を介して天井の放光部へと伝達される（写真：Arup）
Photo _ 6　　　公開された The Lowline Lab の様子。光がより必要な植物は上部に、陰性に強い植物は下部と、その耐性によって配置が工夫されている（写真：Arup）

米国・ニューヨークで構想され、実現すれば世界初の地下公園になるといわれる「Lowline（ロウライン）」。建物の密集したマンハッタンの街なかの廃駅となった地下空間で植物を育てるため、太陽光を追尾する反射鏡システムなどを使って自然光を採り入れる計画だ。

　コンピューター・シミュレーションだけでは分かり得ない複雑な昼光システムをテストするため、クラウドファンディングで調達された資金によって、James Ramsey（ジェームス・ラムゼイ）氏がコンセプトを構想した最初の実験展示「Imagining the Lowline」を2012年に発表した。その反響は大きく、15年10月から17年2月まで、新しいシステムを実装した研究施設「The Lowline Lab」が一般公開された。

Figure _ 1

　アラップは、エンジニアとして初期の既存空間調査や実現性の分析、コストの推定などを行った。そして、本実験でも前回に引き続き、昼光照明デザインをサポートした。

　世界中の都市には、廃墟となった様々な建築物がある。産業や技術、輸送手段などの変化によって、その役割が時代にそぐわなくなり使われなくなったものだ。しかし、このような歴史的遺産は、技術革新、柔軟な発想とデザインを用いることで、新しく生まれ変わる絶好の機会をもたらす。

道 路 下 の 終 着 駅 を 再 生

●

ニューヨークでは、「High Line（ハイ ライン）」という高架貨物線跡を公共の公園スペースに再利用し、人気が出たことで付近の不動産開発を活発化した先例がある。それに対し、現在提案されているLowlineは、放棄されたインフラを緑豊かな、近隣コミュニティーのための公共空間に変換しようという同様の目的を持っているが、地下空間という、はるかに異なる環境条件に直面している。

　公園が計画されるマンハッタンのLower East Side（ロウワー・イースト・サイド）は、住人1人当たりに対する緑地面積がほかの大都市に比べ、10分の1程度しかないと言われる密集した市街地だ。デランシー通りの地下に残された1エーカー（約4000m²）ほどの空間は、1948年に閉鎖されるまでの40年間をマンハッタンとブルックリンを結ぶ路面電車の地下の終着駅として使われた。ちょうどウィリアムズバーグ橋への入り口となるエリアに位置し、その地上部には交通量の多い道路が走っている。

Photo _ 2, 3

い か に 光 を 採 り 入 れ る か

●

地下空間に年間を通して緑豊かな庭園をつくり出すためには、自然光の導入、特に植物の育成に適した光の波長を採り入れることが不可欠な条件となった。しかも、その光は地下にあっても人々が快適に過ごし、少し異質だが思いもよらないような魅力的な環境を提供することが求められる。

　地上に設けられる開口部が限られているため、スカイライトのような一般的な昼光システムが使用できない。そこで、解決策として直射日光を光源として扱うことになった。直射日光は、拡散された天空光に比べ、およそ10倍の光度を持つとされる。しかし、時間

や大気の状況によって変動も大きく、採光利用するには多くの課題がある。

　まず、直射日光を常時採り入れるには、地球の回転によって刻々と位置を変える太陽を追尾する装置が必要になる。さらに雲量などの天候の変化は、直射日光と天空光の割合と明るさに影響を与える。また、直射日光の長所となる強い光度は、逆に不快なグレアを伴うことにもなり、周辺の光環境とのバランスを取る必要がある。これらの課題を念頭において、太陽光を反射する様々な昼光システムを検証した。│Fig. 7│

Fig. 7　The Lowline Lab で実装しているシステム概略図。図中の①はヘリオスタット、②は集光装置、③は光筒、④は放光部を指す（資料：Lowline）

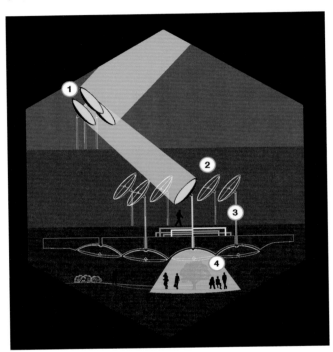

研 究 施 設 で 進 む 実 証 実 験

●

15年10月から17年2月にかけて公開された研究施設「The Lowline Lab」は敷地から数ブロック先のエリアにあり、実際に提案している昼光システムをテストした。このシステムは、太陽光の集光、伝達、そして配光という、大きく3つの要素で構成される。

　まず、ヘリオスタットと呼ぶ太陽を追尾するミラー装置が、一定箇所に置かれた集光装置に太陽光を反射させる。放物面反射鏡の集光装置では、熱を減少させるために赤外線エネルギーを取り除くほか、効率的な光の伝達のために太陽光を通常の30倍ともなる光度に集束する。次に平行ビームとなった光を、空気中のほこりや微粒子から光が回折または拡散されることを防ぐ筒を介して集光装置から、天井の放光部へと伝達する。

　最後に放光部のレンズを通って広角に放たれた光は、放物型天井とその二次的な反射鏡によって、下部の植物の育成に必要な全波長の光をもたらす。現場での計測では、反射された太陽光でも各種植物の育成に必要な最低照度をおよそ20%上回る結果が出ている。

Fig. 8 <
Fig. 9 >
新しく計画されている高層ビル上部に設置予定のヘリオスタットと、デランシー通り、地上レベルの集光装置の配置案（資料：Lowline）
解析の結果、高層ビル上部は障害なく直射日光を享受でき、地上の集光装置に反射することを確認できた。
ヘリオスタットから反射される光は集光せず、集光装置は高さも十分に取ることから通りやドライバーなどへのグレアを生じない（資料：Arup）

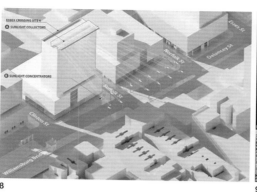

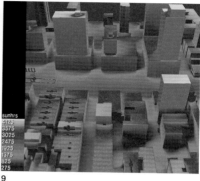

8

9

新しいインフラ再生モデルに

●

これらの実験結果と、それに基づいた解析の末、この太陽光反射システムは実際に提案されている敷地でも通用すると設計チームは考えている。敷地の南側には将来的に商業施設の大型開発が予定されており、その計画を考慮したヘリオスタットや集光装置の配置が検討、提案されている。

　　Lowlineの計画は、22年以降に再開を目指す動きがある。実現されれば、昼光システムを使って今まで日の目を見ることがなかった地下空間や廃虚となったインフラを再利用する、新しいモデルを示す機会となるだろう。| Fig. 8, 9 |

●

［井元純子、アソシエイト、ライティングリーダー／ライティング］

ロウライン

所在地	米国、ニューヨーク
構想創案	James Ramsey、Dan Barasch
既存空間調査、実現性の分析、コスト推定、昼光照明デザインのサポート	Arup
実験期間	2012年に最初の実験展示、研究施設公開期間は2015年10月－17年2月

THEME	SUSTAINABILITY	サステナビリティー
ARCHITECT	ARUP	アラップ
PROJECT	DRUK WHITE LOTUS SCHOOL	デュルック・ホワイト・ロータス・スクール
PLACE	INDIA	インド
YEAR	PROGRESSING	進行中

美しい ヒマラヤを望む、 エネルギー 自給自足の 学校

インドのラダック地方はヒマラヤ山脈の北部に位置し、標高は3500mにもなる。
雪や氷で道路が封鎖され、1年のうち半分は外からアクセスすることすら難しい。
夏と冬の気温差が大きいうえ、利用可能な水資源も乏しい。
そんな過酷な環境下に、ダライ・ラマ14世が設立に関わった学校がある。
「デュルック・ホワイト・ロータス・スクール」だ。
保育園児から16歳までの870人の子どもたちに、
地元の伝統を尊重しながら近代的な教育を提供することが目的だ。
そこには350人が生活できる寮も含まれる。
この学校で求められたのは、"現代的な科学の知識"でもあるエネルギーの自給自足。
1996年から始まったこのプロジェクトは、段階的に建設が進み、
最近では太陽熱を利用したシャワー室が完成したばかりだ。
今後も多目的ホールや新しい図書室などが追加される予定で、
アラップからも毎年1名が、現地に行き、最長半年間ボランティアで作業している。

Photo _ 1   2016年夏に全体が完成したデュルック・ホワイト・ロータス・スクール。中庭への入り口から青空教室を望む。
                    アラップは1997年から設計・監理に携わっている（写真：Arup）
Photo _ 2   学校の中央、図書館部分（写真：Arup Associates）

Photo _ 3 　　　食堂。自然光を採り入れた明るい空間となっている。ハイサイドライトから自然換気によって排熱を促す。
　　　　　　　　木の接合部の金物やブレースも見える（写真：Christian Richters）

Photo_4　　外壁と内壁の間に空気層を設け、断熱効果を期待している。黒い壁はトイレ（写真：Arup）

Photo_5　　外壁は敷地の近くで採掘される花こう岩でつくり、内壁は地場産の日干しレンガを使用した（写真：Christian Richters）

Photo_6　　現在では十分な発電量を持つ程度に設置された太陽光パネル。庇としての役割も果たし、夏の暑さを軽減している（写真：Arup Associates）

Photo_7　　2カ所に井戸を掘り、飲料水や灌漑（かんがい）用水など、敷地に必要な水を供給している（写真：Arup）

Photo_8　　子どもたちの学習風景（写真：Graham Brandon）

Photo _ 9   屋根はラダック地方の伝統的な方法でふいた（写真：Arup）
Photo _ 10   近隣の僧院で育てたポプラや柳を利用し、断熱性能を上げている（写真：Arup）
Photo _ 11, 12 建設時の様子（写真：2点ともArup）

2014年3月7日に授賞式が開かれた第37回日本アカデミー賞。優秀外国作品賞の1つとして選ばれたのが「きっと、うまくいく」(原題は「3 idiots」)というインド映画だった。未来のエンジニアを目指す大学生たちが、騒動を巻き起こしながらも自分らしい生き方を求めて葛藤する物語で、教育問題や競争社会への風刺がテーマになっている。

映画の終盤で、大学を卒業した友人同士が再会する場面がある。再会の舞台となった学校が、インド最北部のジャンムー・カシミール州ラダック地方に実在する「デュルック・ホワイト・ロータス・スクール」だ。

Photo _ 1, 2

へき地でも文化を尊重した教育を

●

ラダック地方はチベット仏教の中心地の1つであり、曼荼羅美術の集積はチベットをしのぐともいわれている。

都市部から離れたこの地域にも公立の学校はあるものの、インドの標準的(ヒンズー教的)な教育ではなく、チベット仏教に基づく教育を受ける機会を与えることが、デュルック・ホワイト・ロータス・スクールの設立の目的だ。チベット仏教の学校総長が設立を発案して、ダライ・ラマ14世が支援し英国で登録されている慈善団体・デュルック財団が校舎建設の発注者となった。

プロジェクトが動き出したのは1996年。意匠設計をアラップ・アソシエイツ(現・アラップ)が、エンジニアリングをアラップがそれぞれチャリティー活動の一環として引き受けた。マスタープランの作成から設計、監理まで、建物の完成に至る各段階で関わっている。アラップの建築士やエンジニアは毎年、設計や監理を無給で手掛け、時には個人の時間を利用して現地に赴くことで支援してきた。我々にとっても、学びの場となっている。

まず、2001年に幼稚園と小学校の校舎や青空教室を兼ねる中庭が完成。続いて03年には、ジュニアスクールの校舎もできた。05年にセカンダリースクールの校舎も完成した。将来は、日本の高校生に当たる学年のための施設が計画されている。

石積み壁でダブルスキン

●

学校は、青空教室となる中庭や図書館、厨房・食堂、コンピューター室、美術室、医務室のほか、児童と教師の宿泊施設などから構成される。なるべく現地の伝統的な素材や工法を使いながら、最先端の設計や建設技術の利点も反映させようと試みた。| Fig. 13, 14 |

Photo _ 3–5

厳しい環境の中で、プロジェクトの主題として早くから検討されたのが、エネルギーの自給自足だ。例えば、厳寒の冬でも快適な学習環境を提供するために、教室はガラスのファサードを南東に向けて配置。朝日の熱を積極的に取り込めるようにした。一方、宿泊施設は南に向けて、午後から夜にかけての暖かさを重視した。ガラスの内側に壁を設けることで、ガラスと壁との間で暖まった空気を室内に循環させる。壁は蓄熱体の役割も果たす。| Fig. 15 |

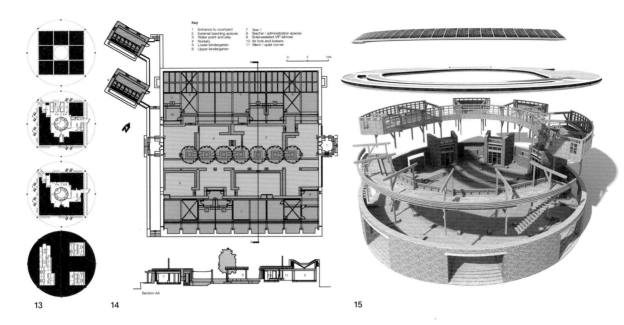

13　　14　　15

こうしたパッシブな対策を施すだけでなく、08年には42kWh(ピーク時)の太陽光発電システムが完成し、学校内で発電した電力が使えるようになった。それまで電力は、現地の送電網か学校に設置されたディーゼル発電機によって断続的にしか供給されなかった。現在は蓄電池も導入され、送電網からの電気や太陽光パネルで発電した電気を蓄えている。

太陽光パネルの6割は、アラップ・アソシエイツが資金を提供した。これは同社の07年分の二酸化炭素(CO$_2$)排出量のオフセットとして位置付けている。

Photo _ 6

上 昇 気 流 を 利 用 し た 無 水 ト イ レ も
●

学校で必要な給水については、2カ所に深さ30mほどの井戸を掘削して「重力給水システム」を構築した。太陽光発電によって駆動するポンプで井戸から雪解け水をくみ上げ、敷地の高い場所に設けたタンクにためる。

Photo _ 7

さらに、排せつ物を堆肥に変えられる無水トイレも導入した。ピット内の臭気や湿気、ハエなどを、太陽の熱で暖めた上昇気流によって取り除く。| Fig. 16 |

耐震性能も重要な検討項目となった。05年に起こったパキスタン北部地震では、ラダック地方が属するジャンムー・カシミール州でも万単位の建物が倒壊したからだ。そこで各棟は、伝統的構法である組積造の壁で囲まれているものの、建物の構造は壁に頼らず木造で独立させた。屋根として採用した伝統的な土屋根は断熱性に優れる半面、重量があるので、この重い屋根にも耐えられる構造設計とした。そのうえで、インドの耐震基準を満たしていることを確かめた。| Fig. 17 |

Fig. 16 < 　水を使わない無水トイレの仕組み(資料：Arup)
Fig. 17 > 　木製のフレームは、接合部の金物や鋼製のブレース材で地震力に耐える(資料：Arup Associates)

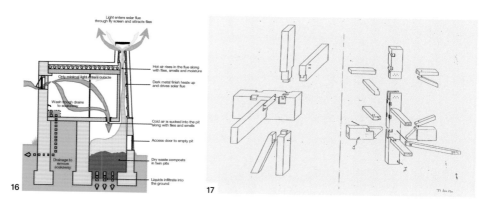

「科学と伝統を共に尊重する」

●

映画「きっと、うまくいく」に描かれた学校の様子は、明るく、子どもたちが自由に活動しながら創造性を伸ばすような雰囲気にあふれている。主人公が、変えられない自分の文化や出自に折り合いをつけながら、知力を得て自由な発想をすることで、新しいものを生み出していく。それが金銭では得ることのできない幸福となり、人生の大きな糧となる。

　そしてその場面は、実在するデュルック・ホワイト・ロータス・スクールが建てられた経緯や教育思想に非常に近いのではないかと感じられる。決して豪華ではないが、校舎自体にチベットの文化と自然の摂理がちりばめられている。

Photo _ 8-12

　ダライ・ラマ14世が、デュルック・ホワイト・ロータス・スクールに対して残した言葉で締めくくりたい。

「伝統として受け継がれてきた貴重な要素を保持していくことの重要性を、現代的な教育と同様に重視する学校をつくる。このアイデアからは大きな希望をいただきました。現代的な科学の知識と伝統的な仏教文化の両方を共に尊重することが大切だと私は信じています」

●

［菊地雪代、アソシエイト／プログラム＆プロジェクトマネジメント］

デュルック・ホワイト・ロータス・スクール

所在地	インド、ラダック
発注	The Drukpa Trust
意匠設計、エンジニアリング	Arup
完成時期	第1フェーズ2001年9月、以降順次竣工

導入広がる
洋上風力発電、
日本は世界を
リードできるか

脱炭素化が喫緊の課題となった今、再生可能エネルギーの活用についてもこれまで以上に真剣な取り組みが必要となってきた。ただでさえ、建設は自然を破壊する行為だといわれ、建設分野からの温暖化ガス排出の割合が高い中、我々の技術が再生可能エネルギーの利用促進につながれば、多少なりとも罪滅ぼしになるとはいえまいか。再生可能エネルギーの中でも、島国日本だからこそ注目されている、洋上風力発電について解説する。

海上で風を受けて回転するプロペラ。洋上風力発電のタービンが並ぶ景観は、他の方式の発電所とは趣を異にしている。ただ、実際に目にしたことがある人は、まだ少ないのではないか。

現在、その洋上風力発電に注目が集まっている。
再生可能エネルギーというと、太陽光発電を中心に広がりを見せてきたが、設置場所の確保、取引価格の下落、メンテナンス不良による発電効率減などの課題が表面化してきている。太陽光パネルの製品寿命（25-30年程度）を経て、2030年代ごろに大量に廃棄される見込みもあり、不法投棄の問題が出てこないか? など、太陽光発電を巡っては暗い話題が多い印象だ。

一方、風力発電は、欧州において00年に本格的な洋上風力ファームができ、08年ごろから普及し始めた。欧州全体の導入量は、18年末時点で1900万kWに達している。成長率が高く、さらに期待が集まる発電方法だ。日本では、陸上・洋上合わせて、50年までに13万MWの発電能力を国内に備える導入目標が示されるなど（21年3月時点）、クリーンな発電への期待は高い。また、タービンの軸受けの製作に関しては、日本の企業が世界のトップに食い込むなど、メーカーの技術輸出面でも期待が高まる。

さらに洋上の場合は、一般的に陸より風が強く、冬など悪天候時の暗く、寒く、電力が必要とされる時に、より多くのエネルギーを生産できるという利点がある。その

Photo_1

設備利用率は、世界平均で陸上約30%なのに対して、洋上は約40%といわれている。

では、洋上風力発電を拡大する鍵は、どこにあるのだろう?
「まずは、開発コストと運用コストを削減することだ」
「洋上風力発電は、電力の安定した価格を維持するために、大幅に安価なエネルギーを提供するか、間欠性の問題を解決する必要がある。どちらも難しい課題だが、日々技術は進化しており、いずれリスクの回避ができるはずだ」

以下、アラップの洋上風力発電の専門家、キャメロン・ダンが解説する。

再生可能エネルギーを実現する蓄電
●

再生可能エネルギーによる電力の割合が増すにつれて、蓄電が不可欠となるだろう。グリッドが再生可能エネルギーに30-40%依存するようになると、間欠性問題は脅威となる。

洋上風力発電による電力を蓄電するためには様々な選択肢があり、いくつかはコスト効率が良い。また、風力タービンは、小型化・蓄電設備と一体化し、かつ突風時でも発電量を均一化できるようなものが出てきている。あるいは、第三者が市場に参入し、間欠の問題を管理するためのサービスとして蓄電設備を供給し、デマンドに応じてエネルギーを供給することも考えられる。特定の時刻に風力発電のスポット価格が下落するのであれば、その時に電力をため、価格が高騰したときに売却するというような方法も考えられる。

米国などの洋上風力発電の新興市場では、活発な投資家たちが、様々なビジネスモデルを考え出している。

コストダウン設計
●

コストを減らす他の方法としては、より大きなタービンを使用することが挙げられる。接続されるケーブルやタービン自体の数も減らせる。洋上タービンの1機当たりの発電量は現在12MWに達しており、20年代後半には15MWや20MWとなるようなタービンも計画中である。しかし、大型タービンは設置が困難で、施工費を押し上げる。基礎の設計も難しくなり、新しいアイデアが必要とされるところだ。

基礎については、浅瀬（水深50m以内）に柱を建てる着床式の中でも、モノパイル（一本柱）式は実績も多いが、巨大なタービンはより水中深くに基礎を設置することが必要となる。欧州の市場は、ジャケット（トラス構造）を解決策とみなしてきたが、決められた納期や予算通りに完成させることが非常に困難だった。

近年では、浮体式（海に浮いた状態）タービンが世界的にも注目され始めている。浮体式であれば、これまで洋上

Photo_2

風力発電に向かないとされていたエリアでも、設置できる可能性があるためだ。

変電所のサイズ設定

●

現在、一般的な変電所は2000トン以上の重量があり、タービン設置船が掲揚できる重さ以上のため、特殊な起重機船が必要となる。これらは価格が高いというより、供給が不足している。近年では、効率の良い高圧直流送電にシフトしたり、タービンの大きな発電量に合わせて容量を増やしたりすることで、さらに変電所が巨大化しているという。

そして、誰が変電所を所有するのかという問題がある。成熟した欧州市場では、電力会社などのユーティリティー企業が変電所を所有し、風力発電所のデベロッパーにはタービン設置に集中してもらう。米国、日本、台湾などの新興市場では、この2つのアプローチの間で選択を迫られている。

欧州方式にするのか、またはタービンだけでなく、変電所やその他のインフラすべての構築をデベロッパーに託し、そのリスクを負わせるのか。計画開始時から、計画全体への明確なルール決めを行えば、電力の配分で問題になることはない。地元のネットワーク事業者との強力な関係を確立することが重要で、リスクとコストを低減することにつながる。

可能性の検証

●

起重機船を必要とするような大きな変電所にするのか。それを早期に意思決定することは、最終的にコストと実行可能性に大きな影響を与える。

洋上風力発電は、サプライチェーンを持つセグメントに分割するのではなく、開発を支え、信頼できる経験豊富なパートナーと組み、全体を1つのプログラムとして見ることが不可欠だ。(以上、キャメロン・ダン)

洋上風力発電新法が普及の起爆剤に

●

洋上風力発電の普及に期待がかかる日本は、欧州勢から見ても魅力的な市場で、外資が次々と参入を決めている。もちろん日本企業も有望市場を奪われるのを横目で見ているわけにはいかない。

遠浅の海が少ない日本では、欧州で主となる着床式ではなく、浮体式が適しているといわれている。日本の技術力を結集して技術改善していけば、浮体式で日本が世界をリードできる可能性もある。

また、18年11月6日には「海洋再生可能エネルギー発電設備の整備に係る海域の利用の促進に関する法律案」が閣議決定された。いわゆる洋上風力発電新法だ。これが19年4月から施行され、一般海域(領海・内水のうち、漁港、港湾区域などを除く海域)において、占有できる期間が促進区域に限り、5年から30年に延長可能となる。上記でキャメロン・ダンが指摘するような海域専用に関するルール整備や先行利用者との利害調整も進めやすくなった。今後は、一気に洋上風力発電ファームの開発が進むだろう。

海洋生物への影響、バードストライクなど野鳥への影響、海域の漁業への影響など、課題は多い。様々な技術力を結集した皆にとって幸せな日本らしい発電ができないものかと期待が膨らむ。アジア内では、日本や台湾が洋上風力発電では先行しているが、近い将来には、韓国、中国、ベトナム、フィリピンがこれに続くとみられており、この分野でも日本の経験が生かされることを期待する。

●

[菊地雪代、アソシエイト/プログラム&プロジェクトマネジメント]
―
執筆協力:
Cameron Dunn/US Offshore Wind Leader、アラップヒューストン事務所アソシエイト
Peter A Thompson Director of Infrastructure/East Asia Energy Business Leader、アラップ香港事務所

Photo_1 スコットランド、アバディーンの洋上風力発電ファーム(写真:Arup)
Photo_2 モノパイル(一本柱)式の風車のメンテナンスに向かう様子(写真:Arup)
Photo_3 変電所のサイズは巨大化し、シンプルな洋上クレーンで施工できるものではなくなってきた。浮体式に期待がかかる(写真:Arup)

世界のプロジェクト

PART

2

RENOVATION
リノベーション

世界都市共通の最もエキサイティングな分野

欧米や日本などの先進国には、市民に愛されつつも老朽化し
更新を待つ貴重な建築物が数多く眠っている。
Section 3では、アラップ創設者が最初の建設に携わった
シドニーオペラハウスの大改修をはじめ、
警察署や鉄道修理デポを活用したユニークな改修事例を集めた。
建物が持つ歴史を踏まえながら、未来につなぐ改修を施す——。
そのウラには、綿密な現況調査や現行法規に従った技術提案が不可欠となる。
Renovationはいまや新築以上にスキルと知識、
そして発想力を要するエキサイティングな分野といえる。

THEME	RENOVATION	リノベーション
ARCHITECT	ARM ARCHITECTURE	ARMアーキテクチャー
PROJECT	SYDNEY OPERA HOUSE CONCERT HALL RENEWAL PROJECT	シドニーオペラハウス・コンサートホール大改修
PLACE	AUSTRALIA	オーストラリア
YEAR	2022 / 17	ホール完成年、JST完成年

世界遺産の 豪オペラハウスが 大改修、 100年先の未来に 引き継ぐ

建築には人生を変えてしまうほどのパワーがある。
例えば、シドニーのオペラハウスが建設されるのを
目の当たりにして魅了された青年は、
専攻を変更してエンジニアのインターン生として働き始めた。
数十年後、彼は1万3000人のエンジニア集団のトップに立った……。
アラップ・グループ前社長の話だ。
竣工から約60年がたって迎えた、
シドニーオペラハウスの大規模改修について紹介する。

Photo _ 1   ヨーン・ウッツォン氏（左）とオーヴ・アラップ（右）の打ち合わせ。
ウッツォン氏の描くビジョンを構造設計的・施工的に実現するため度重なる打ち合わせが行われた（写真：Yuzo Mikami）
Photo _ 2   模型を用いた載荷実験の様子（1960年）（写真：Henk Snoek）

Photo _ 3 意匠設計はウッツォン氏。1957年に国際設計コンペが行われ、ウッツォン氏の案が採用された。1973年に竣工。
2007年、世界文化遺産に登録された(写真：Arup)

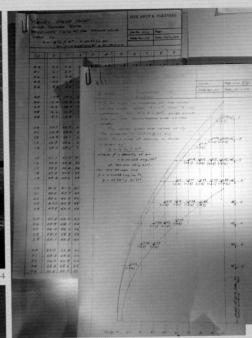

Photo _ 4	改修前のコンサート劇場の写真。2000席以上の座席数を持ち、クラシックコンサートや現代音楽、サーカスなど多種多様なイベントを催している（写真：Arup）
Figure _ 5	改修後のコンサート劇場のパース。音響反射板などの増設、スピーカーや照明などを吊る荷重容量を増やし、 より安全で素早い入れ替えを可能にする（資料：Sydney Opera House）
Photo _ 6	シドニー交響楽団と行った音響反射板の実大実験（写真：Sydney Opera House）
Photo _ 7	風洞実験の結果をまとめた計算書（1959年）（写真：Arup）

オーストラリアを象徴する建築物、シドニーオペラハウスが2022年に生まれ変わる。軽快で独創的なプレキャストコンクリート(PCa)のシェル群がシドニーの真っ青な空とコントラストを成す。この劇場には今でも毎年820万人を超える観光客が訪れ、世界で最も利用される劇場の1つとして数えられている。

オープン以来、最大規模の大改修

●

Photo _ 1–3

アラップは設計当初からこれまで約60年にわたって、シドニーオペラハウスに関わるプロジェクト300件以上に携わっている。地下を貫く搬出入のためのトンネル工事や、レストランのライティングデザインなど大小様々なプロジェクトに携わってきているが、今回の改修は最大規模となる。

予算2億200万豪ドル(約160億円)の大半を費やす主な改修工事は、館内に複数ある劇場のなかで最大のコンサート劇場である。

Photo _ 4, 6
Figure _ 5

劇場の音響改善、エレベーターの増設、コンサートやサーカスなど多様なイベントに対応できるスピーカーや照明・音響反射板などの天井吊り物の増設、それに伴う鉄骨フレームの補強を実施する予定だ。

オペラハウスが鉄骨造?と思う人もいるだろうが、外部のコンクリートシェルの内側に、劇場を包むように鉄骨のトラスフレームが構築されている。改修は、外観のデザインを変更せず内部のみを行う。

特筆すべき点は、ニューサウスウェールズ州政府とオペラハウスは、保全管理計画のなかで建物の原設計者であったヨーン・ウッツォン氏の息子であるヤン・ウッツォン氏にデザイン監修を依頼し、当初のデザインコンセプトを損ねずに改修するようにしたことだ。

シドニーに地震は起こらない?

●

日本で建築の改修と聞くと、耐震補強を思い浮かべる人も多いだろう。実は、シドニーオペラハウスが設計された当時、オーストラリアの建築基準法には地震力が定められておらず、建物の水平方向に与える荷重として風圧力のみが定義されていた。風圧力に対する検討は、風洞実験の結果と、自社開発したコンピューター解析の結果を比較しながら慎重に実施していた。基準法に地震力の記載がなくても、当時のエンジニアたちは地震力と同等の水平力(建物総重量の約10%の水平力)を前提に設計していたのである。

Photo _ 7

オープンしてから16年後の1989年にオーストラリア南部のニューサウスウェールズ州で起きたニューカッスル地震は、同国史上最悪の自然災害となった。その後94年に法改正がなされ、基準法にも地震力が定められたのである。

今回の大改修に先立ち、地震力と風圧力の大きさを比較したところ圧倒的に地震力の方が支配的であった。それにも関わらず、再現期間2500年の地震力で構造計算を行っても、設計当初の構造には地震力に対する補強の必要がないことが確認されたのだ。

最低ラインである建築基準法を技術者として適切に解釈し、それを満足したからと甘んじることなく、自然と真摯に向き合い建物を安全に設計する。構造性能に寄与しない無駄な贅肉をつけるのではなく、筋力をつける。建築技術者としてあるべき姿だ。| Fig. 8 |

Fig. 8 　　屋根の振動形状（1次固有モード図）。地震の検討は、現行の基準法に準拠し、応答スペクトル法を用いて実施した（資料：Arup）

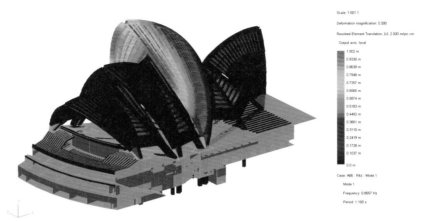

伝承する図面と計算書

●

今回行う大改修の設計において、参考にしているのは先人たちが残した数千枚にも及ぶ解析結果や計算書、手描きの図面である。最近では日本でもBIM（ビルディング・インフォメーション・モデリング）の導入が増えてきているが、アラップのシドニー事務所では2004年からオペラハウスの手描きの既存意匠図や構造図を読み解き、BIMを実行し、これまでの改修や修繕、運営に生かしてきた。| Fig. 9 |

Fig. 9 　　既存の構造図面（資料：Arup）

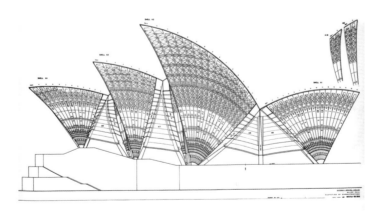

　　既存の図面を見ると、長さの単位にインチ、フィートが、重量の単位にキップが使われている。単位の違いに驚かされるものの、既存の図面1枚1枚からは、50年、60年前の技術者と実際に会話をしているかのように、設計に込めた思いが明確に伝わってくる。

　　当時は、自由形状の構造物を解析できるプログラムや、3DCADがあるわけもない。オペラハウスの設計を行う以前はまだ建築物を構造解析するに当たってコンピューターは使われていなかったのである。

しかし、この複雑な形態の構造物を解析するために、世界中の社内スタッフから建築技術者や数学者が集められ、一からプログラミングを行ったのだ。オペラハウスの設計当時から開発を始めた自社開発の構造解析プログラムは、今もアラップの主要な解析プログラムの1つとして使用されている。我々は、今後50年、100年と次の世代にこのバトンを渡すために、既存部・解体部・改修部を含めてモデリングを行い、それを用いて設計している。| Fig. 10 |

Fig. 10　コンサート劇場の構造モデル。天井の鉄骨トラスの補強やウインチルームの増築など既存図面と解体部、改修部をまとめてモデル化している（資料：Arup）

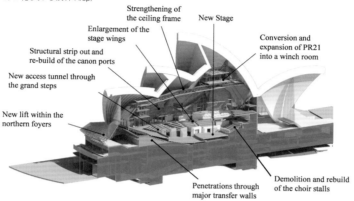

1946年にオーヴ・アラップが会社を設立して以来、アラップは70年以上にわたりヨーロッパ、アジア、オーストラリア、アメリカ、アフリカ、中東ほか、世界約160カ国以上でプロジェクトに携わっている。その中でもこのシドニーオペラハウスは、最も長い年月をかけてクライアントと密接に建築の保全に関わってきたプロジェクトだといえる。

設計当初から今までの間、構造だけではなく、ファサード、火災安全、セキュリティー、メンテナンス、ライティングなど世界中の多様な分野の専門家がこのプロジェクトに関わってきた。現地の人しか知り得ないローカルの情報を分野や国境を越えて共有し、客観的な視点で議論ができる。過去から未来へと引き継ぐ、普遍的価値を持つ世界遺産にふさわしいコラボレーションである。

●

[髙松謙伍、シニア構造エンジニア/構造、
執筆協力にMatthew Walden、Xavier Nuttall アラップシドニー事務所]

シドニーオペラハウス・コンサートホール大改修

所在地	オーストラリア、シドニー
総延べ面積	約9万㎡
建物高さ	65m
発注	Sydney Opera House Trust
デザイン監修	Jan Utzon
コンサート劇場の改修 意匠設計	ARM Architecture
JST（Joan Sutherland Theatre）の改修 意匠設計	Scott Carver architects
構造設計	Arup
完成予定時期	コンサートホールは2022年上期、JSTは17年2月
新築時総工費	約1億200万豪ドル（1973年当時 約400億円）
改修総工費	約2億200万豪ドル（約160億円）

THEME	RENOVATION	リノベーション
ARCHITECT	HERZOG & DE MEURON	ヘルツォーク&ド・ムーロン
PROJECT	TATE MODERN	テート・モダン
PLACE	UNITED KINGDOM	英国
YEAR	2016	改修後オープン年

英テート・モダン増築、
旧燃料タンクが
展示空間に

素晴らしいリノベーションプロジェクトを目にすると、

時代や国を越え、広く引用されてきた"ニーバーの祈り"を思い出す。

「変えられないものを受け入れる冷静さと、変えられるものを変える勇気と、

その両者を見分ける英知を我に与えたまえ」。

この米国の神学者の言葉を建築のリノベーションに適用するのは不謹慎だろうか?

「保存」と「変更」は常に究極の選択である。

解体を進めてみたら既存図面との食い違いに泣かされることも多い。

リノベーションプロジェクトには「運」も必要なのかもしれない。

「テート・モダン」は、既存の発電所を改修した国立の美術館だ。

その名は英国内にとどまらず、世界的な観光名所ともなっている。

オイルタンクを展示室の一部として保存するなど、設計者の勇気ある判断が、

古い産業遺産を世界的にもユニークな建築へと変貌させた好例だ。

1

2

Photo _ 1   長方形の平面だった既存のテート・モダン（右奥）から、南西側に飛び出すような形でつくられたスイッチ・ハウス（手前）（写真：Paul Carstairs）
Photo _ 2   全フロアを貫通する階段「バーチカル・ブルーバード」も建築上の見せ場の1つ。低層部でらせん状となる（写真：Paul Carstairs）

Photo _ 3   地上に現れている形状からは想像しにくい地下のシリンダー状のタンクが展示スペースとなっている。
発電所だったときの用途で人の目に触れなかったところを積極的に利用している(写真:Paul Carstairs)

Photo _ 4   スイッチ・ハウス外装のアップ。1階ではレンガを密に配置し、上方では隙間を空けて、光が室内に入るようにしている(写真:Paul Carstairs)

Photo _ 5   スイッチ・ハウスの夜景。スポットライトには LED ランプを使用している英国の環境性能評価制度である BREEAM において "Very Good" の認証を受けた。
周辺環境にも配慮した照明計画となっている(写真:Paul Carstairs)

6

7

Photo _ 6　既存の躯体を補強する斜めの柱。また、床スラブと壁面の間に、2-3層の吹き抜け空間をつくり出している（写真：Paul Carstairs）
Photo _ 7　2000年にオープンしてから、周辺では開発が進んだ。立ち並ぶガラスファサードの建物とテート・モダンの外観は、好対照となっている（写真：Paul Carstairs）

テート・モダンは2000年に、倉庫街だった英国・ロンドンのサウス・バンク地区をアートの拠点へと変えた先駆けのプロジェクトだ。テムズ川沿いにあった旧バンクサイド発電所を、英国立の近現代美術館に改修した。改修設計者であるヘルツォーク＆ド・ムーロン（H&deM）の名を世界に知らしめ、不動のものにした。完成した当初、年間の来場予定者数は200万人だったが、あっという間に年間500万人以上が訪れる人気の美術館となった。

そのテート・モダンが増築され、16年6月にオープンした。この増築部分の設計もH&deM。Switch House（スイッチ・ハウス）と呼ばれており、11層、高さ64m。総事業費は約2億6000万ポンド（約334億円）に上った。

Photo _ 1, 2

"Art Changes, We Change（アートが変われば、我々も変わる）"がテートの新しいモットーということだそうだが、それを表しているのがスイッチ・ハウスであろう。パフォーマンスや映画、インスタレーション、インタラクティブな彫刻など、現代の「ライブ・アート」への関心の高まりに対応したスペースとなっている。

レンガ仕上げの外装で既存棟と調和

●

Photo _ 3

今回の増築では、発電所だった時に人の目に触れることがなかったスペースを露出し、使用することがコンセプトの1つとなった。「タンク」と名付けられた地下部分の3つのシリンダー状のスペースは、かつてはオイルが貯蔵され、発電機室に直接つながれていた。これらも美術館の一部として改修され、先行してオープンしていた。

H&deMは増築に当たり、既存棟と新しい棟の2棟ではなく、1つの塊として表現したかった、と語っている。計画当初に示した案は、ガラスを積み上げたピラミッドのようなものだったという。それが、近隣の反対などを受けて検討を重ねた結果、重厚感のあるレンガ仕上げの中に、スリット状のガラスが入った外装になった。

Photo _ 4

全フロアを貫通するオープン階段

●

アラップはライティングデザインと火災安全設計を担当した。

ライティングデザインは、発注者であるテート側から「サステナビリティーに関して先導的な役割を担うこと」と要望があり、一般的なギャラリーと比較してエネルギー消費量を20%削減している。スポットライトにはLEDランプを使用し、一般的に使われてきたハロゲンランプに比較してエネルギー消費量を半分に抑える。もちろんアート作品を照らす照明の質は落としていない。

Photo _ 5

火災安全設計については、計画の初期段階から議論に参加し、人命を守るとともに高価なアート作品を保護するための戦略を練ってきた。

建築の見どころの1つは、「バーチカル・ブルーバード」と名付けられた、地下の展示室から最上階のバーをつなぐオープン階段である。通常であれば、延焼と煙の広がりを避けるために、階段室は壁で区切る必要があるが、テートとアラップは、11層の各階の使

い方や、火や煙の広がり方を検証。建物利用者がどのように避難するかをコンピューターで解析し、複雑な意匠デザインを実現する火災安全設計を行った。

Photo _ 6

施工段階でも火災安全設計のエンジニアが積極的に関与し、多様な仕上げ材料などを検証しながら、火災安全設計の意図が反映されていることを確認していった。

スイッチ・ハウスの空間は、展示スペースと動線部分の境界が曖昧になっている。それは、ここを訪れた人々が自らキュレーターとなって、思うがままの順番で作品を見てほしいということ。さらに通路やニッチ（くぼみ）などの、本来展示用ではないスペースを活用することによる思いがけない偶然の出会いのような効果をもたらす場とすることが目的である。

それはまさに、サウス・バンクという地区そのものを見るようである。倉庫街だった場所に旧発電所の遺構を再利用した美術館ができ、産業遺産の新たな活用方法に世界

Photo _ 7

中の人々が興味を持った……。思いがけない組み合わせが新しさを生むことがある。

●

［菊地雪代、アソシエイト／プログラム＆プロジェクトマネジメント］

テート・モダン

所在地	英国、ロンドン
延べ面積	3万4500m²（全体）
発注	Tate
設計	Herzog & de Meuron
その他協働	Ramboll UK、Max Fordham LLP、AECOM、Vogt Landscape Architects、Mace
火災安全設計、ライティングデザイン	Arup
改修増築後のオープン時期	2016年6月
総工費	約2億6000万ポンド（約334億円）

THEME	RENOVATION	リノベーション
ARCHITECT	HERZOG & DE MEURON	ヘルツォーク＆ド・ムーロン
PROJECT	TAI KWUN	大館
PLACE	HONG KONG	香港
YEAR	2018	改修後オープン年

ヘルツォークが改修設計した香港の異空間、築170年の旧警察署を再生

世界のアート市場は約7兆円といわれている。
最も大きな市場は米国だが、近年、
アジアにおけるアート市場の規模拡大が注目されており、
香港はイベントを開催するなどその受け皿となっている。
「大館」は、香港がまだ英国領だった頃に建設された
警察署と刑務所のリノベーションプロジェクトだ。
世界的にも珍しい、刑務所を博物館としてではなく
アートセンターとして復活させた例である。
島や半島の起伏に沿って高層ビルが林立する香港だが、
意外にも支持地盤は地中深くにある。さらに建物が密集しているため、
改修工事で発生する振動や騒音には細心の注意が必要だったそうだ。
土地が貴重なこの場所で、苦労しながら残した
広い中庭と低層の建築群は、真の贅沢さを与えてくれる。

Photo _ 1　　　大館(Tai Kwun)の外観。コートヤード部分の広さと、周囲の高層ビルが対照的だ(写真：Arup)
Photo _ 2　　　コートヤードから、新築である「JCキューブ」のピロティ部分につながる大階段。「ランドリーステップ」と呼ばれる。
　　　　　　　　歩行者の動線を確保しつつ、観客席のような役割も果たす(写真：Arup)

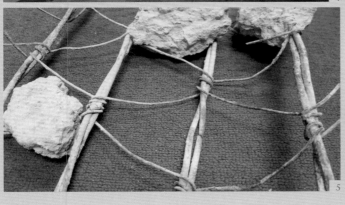

Photo _ 3   建物内はもちろん、公共スペースのライティングデザインをアラップが行い、周辺に「光害」を与えることなく快適な光環境を提供した。
     この建物は旧警察宿舎。1860年代に最初につくられた時は3階建てだったが、1905年にもう一層増築された（写真：Arup）

Photo _ 4   旧ビクトリア刑務所内。150−170年前の建築の設計図も、施工時の情報も全くない中で、プロジェクトは現況調査から始まった（写真：Arup）

Photo _ 5   古い鉄筋コンクリートの「鉄筋」部分。直径5mmほどの針金を2、3本の束にしてねじっている。
     現在、一般的に使用される鉄筋と同等の引っ張り強度を持つ（資料：Arup）

Photo _ 6   新築の「JCコンテンポラリー」。ギャラリーやレストランが入る。かつて政府の印刷所で、「Fホール」と呼ばれる建築につながっている（写真：Arup）

Photo _ 7 　　「JCコンテンポラリー」内の階段。2層のギャラリー空間をつないでいる(写真:Arup)

Photo _ 8 　　展示空間の様子(写真:Arup)

Photo _ 9 　　大館の全景。既存棟については、避難通路などが現行の基準を満たしていなかったため、煙感知器を設置するなど避難行動が早く取れるようなシステムを設けた。

　　　　　　　最終的には避難完了するまでの所要時間を検証し、関係省庁から承認を得た(写真:Marcel Lam)

香港で2018年5月末、ヘルツォーク＆ド・ムーロン（H&deM）が意匠設計を手掛けたヘリテージ＆アートセンターがオープンした。大きな建物、特に口語で警察署を意味する「大館（Tai Kwun）」。人々は親しみを込めてそう呼ぶ。

Photo _ 1

大館は延べ面積約1万3600m²の複合施設だ。既存の16棟と新築の2棟の建物群から成り、その中核は英国領時代の1841年につくられた旧中央警察署、旧中央行政長官事務所、旧ビクトリア刑務所である。まだ香港が今のように高密度に開発される前の時代につくられているので、建物群は低層で、コートヤードを広く設けたつくりが特徴となっている。

現在、その地域は香港島の商業中心地となり、大館は香港で最も重要な歴史的遺構となった。2006年に閉鎖されてからは使用されていなかったものの、この空間だけはゆったりとして都市における中庭のような存在で、周辺の高層ビル群と好対照を成していた。

Photo _ 2

歴 史 的 建 築 物 と アートでまちづくり

●

大館再生の計画が始まったのは06年のこと。H&deMが旧中央警察署の再生案を検討し始めた。その際には、ギャラリーなどいくつかの建築を追加することによって、旧中央警察署を中心とした新しい文化施設をつくるという提案だった。単に古い建築を残すのではなく、都市と共に進化し、必要とされる場をつくろうとしていた。

Photo _ 3

10年には、香港の都市計画局が旧中央警察署建築に関する詳細な計画目標を規定。この街区の建築高さを80mに抑えることや歩行者空間の位置を維持することなどを盛り込んだ。計画の修正を求められたH&deMは、保存再生を得意とする英国の建築事務所パーセル・ミラー・トリットンと協働し、複数の建物を結ぶ新しいシークエンスや、外部空間を広げながら既存の都市へとなめらかにつなぐ提案を打ち出した。それは大館が、生き返っていくうえでの重要なプロセスだった。

Photo _ 4, 5

アルミファサードの新築2棟

●

「JCコンテンポラリー」と「JCキューブ」と名付けた新築の2棟は、鋳造したアルミのユニットでファサードが覆われている。このデザインになった理由は3つある。(1)既存の建物や、擁壁の石積みの要素などスケールに呼応する、(2)石積みの歴史的建造物が集まる中で、新しい建物として独自の表現と素材感を提示する、(3)ユニット化することで、少し離れて見れば均質なファサードの表現を実現しつつ、各ユニットは個別の機能を持たせることができる。

Photo _ 6, 7

実際、均一に見える個々のユニットも、よく見ると開口率が異なっている。内部のプログラムやその空間の環境要件（通風、日射、視界の確保など）によって変えている。もちろん、アルミが軽量であることやリサイクル性にも優れていること、亜熱帯で湿度の高い香港の気候なども考慮している。

Photo _ 8, 9

様々な規制もあって、既存建物へのH&deMの介入は限定的だった。それでも新築した2棟の建物の表層部で試行を重ねて周辺一帯に新しい表情を与えたのは、H&deMらしいアプローチの仕方だ。

世界的にアートに対する関心が高まる中、香港で行われるアートフェアは既にアジアにおける最大級の規模となっている。また、香港は文化を核とした都市計画が進められており、この大館はその一部に当たる。20年には同じくH&deMによる美術館「M+」が開館した。パブリックアートや小さなギャラリーも増え、今後は香港のアートシーンが世界にインパクトを与えるようになるといわれている。

18年3月には、日本のアイドルがパブリックアートとして壁画を制作して話題にもなった。香港に行けば、建築・アートの「いま」が見られそうだ。

●

[菊地雪代、アソシエイト/プログラム＆プロジェクトマネジメント]

大館

所在地	香港
延べ面積	約1万3600m²
発注	Hong Kong Jockey Club CPS
デザインコンサルタント	Herzog & de Meuron
保存計画	Purcell
構造設計、ファサードエンジニアリング、ライティングデザイン、火災安全設計、材料コンサルティング、セキュリティーコンサルティング	Arup
既存建物完成時期	1841年(旧中央警察署、旧中央行政官事務所、旧ビクトリア刑務所)
改修後オープン時期	2018年5月

THEME	RENOVATION	リノベーション
ARCHITECT	HEATHERWICK STUDIO	ヘザウィック・スタジオ
PROJECT	ZEITZ MOCAA	ツァイツ・アフリカ現代美術館
PLACE	SOUTH AFRICA	南アフリカ
YEAR	2017	改修後オープン年

アフリカ初の
現代美術館、
穀物貯蔵庫を
ダイナミックに転用

近年、アフリカへの注目度が増す一方で、
アフリカの現代建築に関する情報は
非常に限られているのが現状ではないだろうか。
2017年にオープンした南アフリカ最大の美術館は、
1924年に建設された穀物貯蔵庫を
美術館にリノベーションしたもの。
美術館を訪れる習慣が無い土地において、
いかに建物がアイコン的な役割を果たし、
内部に人々を引き寄せるか。
その環境デザインについて解説する。

Photo _ 1 　 林立する貯蔵用チューブをくりぬき、コンクリートの仕上げをあらわにしたアトリウム空間。チューブ上部のスカイライトにより、自然光を採り入れている（写真：Arup）

Photo _ 2	枕形のガラスファサードを挿入した建物外観。窓は全5サイズあり、最大約5m角。遠方からも見えるよう、灯台を意識してデザインした（写真：Arup）
Photo _ 3	彫刻庭園となっている屋上テラス。アトリウム上部の歩行可能なスカイライトには、滑り止めも兼ねて、
	この美術館のための特注アートワークが施されている（写真：Arup）
Photo _ 4	ギャラリー内観。隣接する港の海水を利用した地域冷暖房システムを採用している。
	設定温度は、加熱・冷却サイクルの効率が最大になるよう最適化した（写真：Arup）
Photo _ 5	訪問者の第一印象を決定付けるアトリウム空間では、日没後も建築の特徴となる円筒を見せるように電気照明をデザインした（写真：Arup）

3

4

5

2017年9月にオープンした「ツァイツ・アフリカ現代美術館(Zeitz MOCAA)」では、世界最大のアフリカ現代アートを展示している。ケープタウンのビクトリア&アルフレッド(V&A)ウオーターフロントに位置する1924年に建設された穀物貯蔵庫が、アフリカ大陸初の現代美術館として生まれ変わったものだ。延べ面積約6000m²に及ぶ80もの展示室に加え、上層階にブティックホテルを配する。

　2001年以降使われず、街中の産業モニュメントと化していた建物の内部には、貯蔵用のチューブが林立していた。そこにV&Aウオーターフロント周辺開発の訪問者をいかに引き込むか。設計を手掛けた英国のデザイン集団ヘザウィック・スタジオは、新しい美術館へと変換するコンセプトを打ち出した。

　建物の中心には、チューブの中にダイナミックにくりぬいたアトリウム空間が据えられている。アトリウムは、かつてそこに納められていたトウモロコシの粒を3Dスキャン、高さ27mに拡大して形づくられたものだ。その表面は幾層もの仕上げ材を剥がした。オリジナルのコンクリートを露出している。| Fig. 6 |

Photo _ 1

Fig. 6　建物の中心に位置するアトリウム空間はユニークな形状をしている。
貯蔵庫内部に残っていたトウモロコシの粒を3Dスキャンして拡大した形状にくりぬいた(資料：Heatherwick Studio)

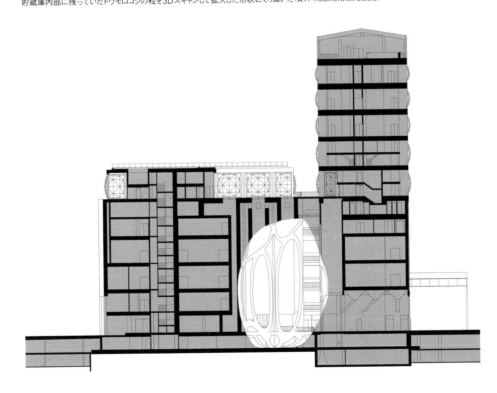

外 観 を 変 え た 枕 形 ガ ラ ス フ ァ サ ー ド

●

Photo _ 2

既存建築のシンプルな外観に対しては、上層部に「ピローウインドー」と呼ぶ、枕形のガラスファサードをはめ込み、室内に自然光を導入している。開口部の膨らみは、まるで建物が呼吸しているかのようなデザインだ。アラップのファサードエンジニアが構造耐力上必

要な制約を設定したパラメトリックモデルを作成し、設計者が好きなように形状操作できるよう設計を行った。

この多面体ガラスファサードは、コストや現地調達性も考慮したうえで、フレームをできるだけ小さくしている。三角形の板ガラスには銀2層タイプのLow-Eガラスを採用し、熱取得を抑えた。平滑なファサードに比べ日射の反射面が増えるため、ピーク時のエネルギー負荷を減らしつつ、最大限の眺望と採光をもたらしている。

一方で、展示室を包み込む外部ファサードは、新たに構築したコンクリートによって蓄熱を行い、強い南東風を含む外部環境から、空間や作品を保護している。国際美術機関から作品をレンタルするためには、ギャラリー空間における正確な環境管理が必須となる。機械設備設計には、消費電力と地元インフラに対する負担を削減するために、高効率であることが求められた。

内部はスラブの露出したコンクリートの大きな蓄熱容量が、室内の安定した温熱環境に寄与している。展示室の空調システムは、上げ床によって各室の周囲から低速で吹き出す設計だ。

Photo _ 3

Photo _ 4

アトリウムを引き立たせる光のデザイン

●

アトリウムの光環境設計では、3Dモデルを使った自然光解析により、スカイライト開口部のデザイン比較およびグレアの有無などの検討を行った。また、四季を通して、1日のうちにどのように自然光が入り、空間を照らすかもシミュレーションした。その解析結果は、日中から夜へとドラマチックな空間の印象がスムーズに移り変わるよう、電気照明デザインの検討にも活用している。

旧港時代に重要な産業的な役割を果たした歴史的建造物に新たな息吹を吹き込み、ケープタウンのランドマークとなった本美術館。ともすると、今まで世界的に認識されていなかったアフリカンアートやアーティストを称え、盛り上げていくことが大いに期待されている。

●

［井元純子、アソシエイト、ライティングリーダー/ライティング］

Photo _ 5

ツァイツ・アフリカ現代美術館

所在地	南アフリカ共和国、ケープタウン
延べ面積	約6000m²
発注	V&A Waterfront
設計	Heatherwick Studio
実施設計	Vander Merwe Miszewski Architects、Rick Brown & Associates Architects、Jacobs Parker
ファサードエンジニアリング、構造設計、機械設備設計、ライティングデザイン（アトリウム）	Arup
施工	WBHO
既存建物完成年	1924年
改修後オープン時期	2017年9月

THEME	RENOVATION	リノベーション
ARCHITECT	HEATHERWICK STUDIO	ヘザウィック・スタジオ
PROJECT	COAL DROPS YARD	コール・ドロップス・ヤード
PLACE	UNITED KINGDOM	英国
YEAR	2018	改修完成年

"キス"する大屋根、ロンドンで旧石炭集積場をリノベーション

テレンス・コンラン卿が「現代のレオナルド・ダ・ヴィンチ」と称するほど、
多彩な才能で注目を集める英国の建築家トーマス・ヘザウィック氏。
彼が率いる設計事務所ヘザウィック・スタジオのプロジェクトが、
再開発が進むロンドンのキングスクロス地区で完成した。
「コール・ドロップス・ヤード」は、石炭を積んだ列車が、
その上階に入り込んで停車。貨物列車の底が開いて、
石炭を倉庫に「ドロップ」(落下)させて保管していた場所だ。
ヘザウィック・スタジオとアラップのリノベーション手法を紹介する。

Photo _ 1 　生まれ変わった建物正面。2棟をまたぐ屋根は、頂点で"キス"するように繊細につながれている(写真:Hufton+Crow)
Photo _ 2 　建物内観。屋根の頂点の真下からのぞいた様子(写真:Hufton+Crow)

Photo _ 3　　2つの屋根を接続する"Kissing Point"に配置したV字形の部材(写真：Arup)
Photo _ 4　　大屋根鉄骨の施工中の様子。アーチの根元端部同士がタイビームによってつながれているのがよく分かる(写真：Arup)

英国・ロンドン中心部、大英図書館のほど近くに位置する「Coal Drops Yard」。1850年代に建てられたこの建物は、かつてはその名の通り石炭の集積場だった。1980年代に起きた大火を境に使われなくなったこの歴史的建造物が、ヘザウィック・スタジオとアラップとのコラボレーションにより新たなランドマークとして生まれ変わった。その実現のウラに潜む工夫を、アラップが用いた最新技術を交えながら紹介する。

Photo _ 1, 2

既設と新設とをどう融合させるか

●

英国において建物を新築する際、BIM（ビルディング・インフォメーション・モデリング）を用いるのはもはや当たり前である。だが古い建物のリノベーションを行う際はどうだろう。この建物が建てられた約170年前にBIMなど存在するはずもなく、ましてや図面もろくに残っていない。既設建物をBIM化しようにもその当てがないのだ。

　そこでアラップは初の試みとして "Point Cloud" を用いたBIMモデルの立ち上げに挑戦する。Point Cloudは「点群」と訳され、その名の通り、点の集合を意味する。アラップは3Dスキャナーの一種であるLIDARスキャナーを用いて建物全体をスキャンし、±5mmの精度で得られた無数の点群データを基にBIMモデルを立ち上げることに成功した。| Fig. 5, 6 |

Fig. 5 <　　スキャンデータ（点群データ）と新設の構造体を重ね合わせたイメージ（資料：Arup）
Fig. 6 >　　既設と新設とを融合させた全体BIMモデル（資料：Arup）

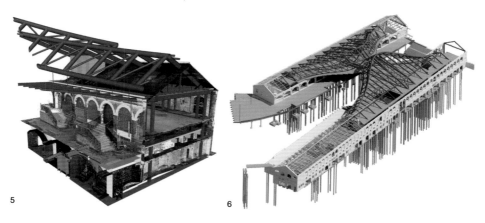

5

6

2棟を "キス" するようにつなぐ大屋根

●

既設建物は2棟あり、いずれも幅が13mと狭く、キーテナントを招くには十分なスペースを確保できなかった。そのため2棟を "橋渡し" することで大きなスペースを確保する必要があった。その計画の延長線上で出てきたのがこの象徴的な屋根形状である。

　しかしここで既設建物に新たに屋根を載せることに対する問題に直面する。一般的にこのようなアーチ状の架構を形成すると、鉛直力に対して端部が開こうとする「スラスト力」が発生する。既設建物は基本的にはレンガを積み上げただけの組積造であり、このスラスト力に耐えられるようなものではなかった。

Fig. 7 <
Fig. 8 >

スラスト力の発生原理とタイビームによる相殺（資料：Arup）
屋根の構造ダイヤグラム。タイビームを3次元的に配置することで支点に鉛直反力のみが生じるようにし、
屋根だけで構造が完結するよう工夫している（資料：Arup）

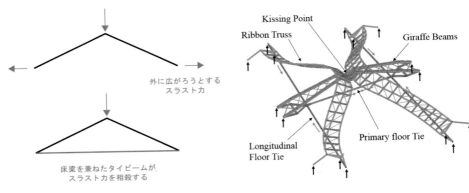

Fig. 9

建物全体の構造コンセプトスケッチ。力の流れ、既存建物との融合方法などが明快にまとめられている（資料：Arup）

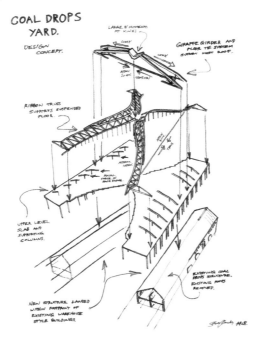

Fig. 10

V字形の部材のディテール（資料：Arup）

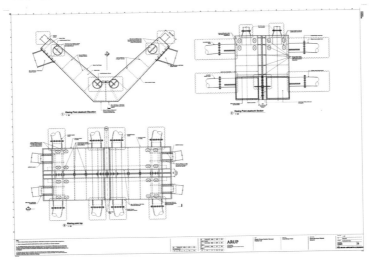

そのため端部同士をタイビームでつなぐことでこのスラスト力を相殺。この原理を3次元的に応用して、屋根だけで構造を完結させられるように試行錯誤がなされた。| Fig. 7-9 |

2つの屋根が接続する"Kissing Point"にはV字形の部材を配置した。この部材が接続点をまさに"キス"するように繊細に見せつつ、2つの屋根が内側に倒れ込もうとする力をうまく伝達させる重要な役割を果たしている。| Fig. 10 |

3 D デ ー タ を シ ー ム レ ス に 共 有

●

この建物の設計・施工において、3Dデータの取り扱いに関してもろもろの工夫がなされた。構造躯体に関していえば、Grasshopperによるパラメトリックモデリングから、GSA(アラップの自社開発構造解析ソフトウエア)による構造検討、Revit(BIMソフトウエア)による3Dモデリングまでのプロセスを自動化。加えてその自動化プロセスを活用し、鉄骨量を減らすための最適化を行った。実施設計から竣工までの間に、鉄骨量を30%削減できたという。

また設計で用いたGSAモデル(構造解析モデル)とRevitモデルは、施工者、ひいては鉄骨ファブリケーターにまで共有された。それらは鉄骨の製作はもちろんのこと、施工ステージごとの部材の応力状態、変形状態を把握するための解析にまで用いられたという。この大屋根のような複雑な構造体を不確定要素の多い既設建物に新設するには、鉄骨の製作精度、施工精度がかなりシビアに要求される。そのため、このように各社間でデータ共有を積極的に行い、慎重に検討を進めた。

以上のように、歴史的建造物をよみがえらせるに当たり数々の工夫を重ねたかいがあって、英国の歴史的建造物の主任検査員であるMichael Dunn氏から「建築遺産の再生・再利用により大きな恩恵を生み出した極めて重要なプロジェクトだ」と称賛された。

まだまだ日本はBIMの黎明期であり、設計から施工、さらには保守・運用に至るまで一貫したBIMモデルを活用できている例は極めて少ないと感じる。海外では、日本でいう建築の確認申請にBIMモデルの提出を必須要件とし、国を挙げてBIMの普及に取り組んでいる例もある。今後は技術開発が急速に進むAI(人工知能)による自動化のプロセスも積極的に絡め、設計から保守・運用に至るまでシームレスにつながる手法を確立していくことが重要だ。

●

[竹内翼、構造エンジニア/構造]

コール・ドロップス・ヤード

所在地	英国、ロンドン
構造	鉄骨造
発注	Argent
意匠設計	Heatherwick Studio
構造、ファサードエンジニアリング	Arup
施工	BAM Construction
既存建物完成時期	1850年代
改修完成時期	2018年10月
総事業費	1億ポンド

THEME	RENOVATION	リノベーション
ARCHITECT	ARUP	アラップ
PROJECT	JAGUAR LAND ROVER ENGINE MANUFACTURING CENTRE	ジャガー・ランドローバー・エンジン工場
PLACE	UNITED KINGDOM	英国
YEAR	2017	第3期完了年

のこぎり屋根を持つ、
ジャガーの
"スマートな" エンジン工場

個性的なスタイルを貫き、世界中に熱烈なファンを持つ
英高級車大手ジャガー・ランドローバー(JLR)。
そのエンジン工場の拡張工事が完了した。
日本でも工場見学が人気となり、
一般見学者を意識した工場づくりがされることが増えてきている。
このJLRの工場も例外ではない。
明るく、軽快な建築はJLRのスタイリッシュなブランドイメージそのものである。
さらに、エネルギー消費量の多い工場こそ、環境配慮は必須であり、
この工場は英国の建築環境性能評価制度であるBREEAMで、
「Excellent」の認証を受けている。
世界中で生産性の向上や、産業の「スマート化」が要求される中で、
工場のあり方が大きく変わってきていることを感じる。

Photo _ 1 　　サステナブルな工場を意識した、JLRのエンジン工場。英国の環境性能評価制度であるBREEAMで、
　　　　　　　「Excellent」認証を受けている（写真：Jaguar Land Rover）

Photo _ 2 　　屋根形状に合わせて、壁面のパネルの色を変え、分棟したように見えるのが面白い。
　　　　　　　下部のガラスと相まって、軽さとリズム感が生まれている（写真：Simon Kennedy）

Photo _ 3	従業員のサポート施設は2層で、自然光が入る。快適性も考慮し、自然換気ができるようにした（写真：Simon Kennedy）
Photo _ 4	工場エントランス部分。のこぎり屋根の内部側の空間は、建築設備の配管スペースとした。 床下の配管・配線が不要となるため、将来のレイアウト変更にも柔軟に対応できる（写真：Simon Kennedy）
Photo _ 5	建物のペリメーター部分に配置したブレース（写真：Simon Kennedy）
Photo _ 6	アラップは設計の過程で、できる限りモジュール化することを検討し、 工場でつくったパーツを現場で迅速かつ安全に取り付けできるよう工夫した（写真：Simon Kennedy）
Photo _ 7	のこぎり屋根の頂側窓が連続して見える。非常に軽快で明るい空間（写真：Simon Kennedy）
Photo _ 8	工場エリアは、空気質を保つためにクラスF9という欧州規格では高い性能のフィルターを設置している（写真：Jaguar Land Rover）

英国中部に位置するウルバーハンプトンに、ジャガー・ランドローバー（JLR）のエンジン工場がある。その拡張工事が、2017年4月に完成した。片流れの屋根が連続し、のこぎりの歯の形に似た外観が特徴だ。

Photo _ 1, 2

のこぎり屋根は、工場建築によく適用される形態だ。頂側窓を北向きに設置することで、直射日光をほとんど入れずにグレア（まぶしさ）の少ない安定した光環境をつくり出せる。建築計画の教科書にも出てくる、そんな記述を思い出す方もいるかもしれない。

JLRの工場拡張計画に当たり、アラップの設計チームは、産業用施設の設計経験を生かし、伝統的な工場形態を再解釈することから始めた。

工場内のレイアウトでは、まずエンジン製造の工程を理解し、設備、従業員、材料、廃棄物などの適切な配置を検討。将来の拡張も考慮した上で、機器ホールと組み立てホールから成る広い工場エリアと、小さな2層の従業員サポート施設を組み合わせた。│Fig. 9│

Fig. 9　　アラップは発注者であるJLRと共に、効率と将来の変更対応を重視して、全体の配置を決めていった（資料：Arup）

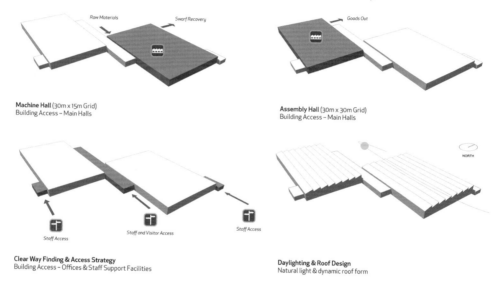

Machine Hall (30m x 15m Grid)
Building Access – Main Halls

Assembly Hall (30m x 30m Grid)
Building Access – Main Halls

Clear Way Finding & Access Strategy
Building Access – Offices & Staff Support Facilities

Daylighting & Roof Design
Natural light & dynamic roof form

屋 根 に 太 陽 光 パ ネ ル 2 万 1 0 0 0 枚

●

このご時世に重要となるのは、従業員のウェルネス（健康）を計画の中心に据えることだ。異なる作業空間が見えるように視覚的なつながりを意識し、連続性や一体感をつくった。心理的にも障壁となる工場エリアと管理エリアの壁を無くし、2mの高さがある前述の頂側窓からの自然光（頂側光）が、工場内を満たすように配慮した。

Photo _ 3

ウェルネスと同様に大切にしたことは、エネルギーの有効活用だ。のこぎり屋根の傾斜部分には、英国で最大規模といわれる屋上設置型の太陽光パネルを設けている。その枚数は2万1000枚で、最大出力は5.3MW。工場の30%の消費電力量を賄う規模で、少なくとも年間で2400トンの二酸化炭素（CO_2）排出量を削減できる。屋根の傾斜は発電効率も考えて30度に設定した。併せて設置した太陽熱温水器によって、建物内で使用する温水も供給する。

工場で製造したエンジンは、ダイナモメーター（動力計、エンジン単体の出力などの性能測定用の計測設備）でテストする。このダイナモメーター試験で発生するエネルギーも電力に変え、建物側で利用する設計とした。

Photo _ 4

工場エリアは、1層でブレース構造。ブレースはペリメーター（外周）部分にのみ配置しているので、将来、レイアウト変更があっても干渉する心配がない。屋根部分の傾斜はどれも同じ角度で、30mスパンのトラスで支えている。機器ホールの柱グリッドは30m×15m、組み立てホールの柱グリッドは30m×30mである。このグリッドであれば、発注者の要求する配置を容易にかなえることができ、また梁にかかる設備機器の重量も限定的である。

Photo _ 5, 6

屋根については風荷重に関する解析を行った。敷地特有のピーク風向を考慮しながら、吹き上げ荷重が小さくなるよう屋根の形状を検討した。その結果、屋根の揚力を最大で70%削減できた。屋根を支えるトラスについては、各部材の負担応力度を確認し、最適化。屋根の鉄骨量は28kg/m²と、最小限といわれる程度にまで削減できた。屋根の自重が軽く、よってコスト削減にもなっている。│Fig. 10│

Fig. 10　工場の一部のワイヤーフレームモデル。組み立てホールの床スラブは鋼繊維補強コンクリートで、厚みは250−350mm。重量のある機器にも耐えられる。従業員施設の床スラブは、厚さ150−175mmの鉄筋コンクリートスラブとした（資料：Arup）

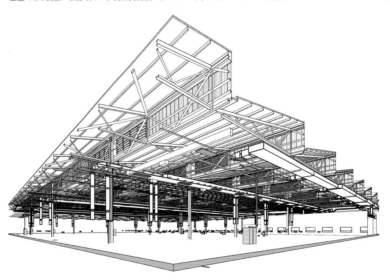

工場の空調については、巨大な空間を均一の温度とするのか議論になるところだ。この工場では、機器ホールの室温を20℃にする必要があり、6機の空調調和機（エアハンドリングユニット、AHU）が30万6000CMHの空気を共有して温度を保っている。また、エンジン製造工程で飛散する霧状になった油（オイルミスト）を排出することによる大きな空気損失を補填するためにも、この風量が必要である。換気回数に換算すると、毎時0.25回だ。冬季には、機器ホール内の製造機器からの排熱を暖房に利用する。

組み立てホールは置換換気システムを採用しており、5機のAHUによって25万5600CMHの風量で冷暖房をしている。これら空調機器の入れ替え用スペースは床から3mの高さに設けており、将来の拡張やレイアウト変更にも柔軟に対応できるようにした。│Fig. 11│

Fig. 11　従業員スペースの空気や光の流れを示す断面ダイヤグラム。冬は製作機器からの熱やガス式の空気調和機（AHU）によって工場部分を暖める。夏はのこぎり屋根の頂側窓部分から熱い空気を排出する（資料：Arup）

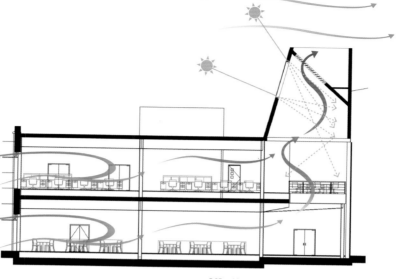

Office Natural Ventilation and Daylighting

Photo _ 7, 8

未来をリードする「考える工場」

●

英国でもインダストリー4.0（第4次産業革命）への対応は必至だ。インダストリー4.0のコンセプトは「スマート・ファクトリー（考える工場）」である。IoTを活用して製品の品質、稼働状況などの情報を"見える化"し、さらにその情報を分析してフィードバックを行うことで生産性を高めるというものだ。

　このJLRエンジン工場でも、生産機器と建築設備の両方の計測および監視をネットを介して行っている。当然、建築の設計自体はBIM（ビルディング・インフォメーション・モデリング）で管理し、設備機器などの情報をすべてタグ付けした上で、JLRの施設管理チームに引き継いだ。生産側の変更によって派生する、建物側の変更なども、比較的容易に対応できるようになっていくだろう。

　英国の工場の在り方が変わり、生産性が変わると、世界のものづくりの勢力図が大きく変わることになるのか？ はたまた英国の工場で生産性が上がれば、コストが下がって我々も憧れのジャガーをより気軽に手に入れられるようになるのか？

●

［菊地雪代、アソシエイト／プログラム＆プロジェクトマネジメント］

ジャガー・ランドローバー・エンジン工場

所在地	英国、ウルバーハンプトン
発注	Jaguar Land Rover
PM	Stace
意匠設計、構造設計、建築設備設計	Arup
施工	Interserve Construction（第1期、2期）、Vinci（第3期）
QS	AECOM（旧Davis Langdon）
第3期完了年	2017年

THEME	RENOVATION	リノベーション
ARCHITECT	CIVIC ARCHITECTS	シビックアーキテクツ
PROJECT	LOCHAL	ロックハル
PLACE	NETHERLANDS	オランダ
YEAR	2019	改修完成年

圧倒的な「インダストリアル感」、鉄道修理デポが知の空間に大変身

カフェやインテリア雑誌などでよく目にする、「インダストリアル・インテリア」。
武骨でビンテージ感があるデザインと共に、実用性の高さがウケている。
しかし、実際に産業関連施設として使われてきた建築のリノベーションによる
「インダストリアル感」にはかなわない。
「もともと贅沢なつくりをしていた建物しか残す価値がないのだろうか」。
そんな疑問を吹き飛ばす痛快さがあるプロジェクトが
オランダにある複合施設「LocHal」だ。
鉄道の修理デポとして90年ほど前に建てられた施設を再生させた。
2019年に行われたWorld Architecture Festivalでは、
LocHalがWorld Building of the Year 2019にも選出されている。

Photo _ 1 　LocHalの内部。プロジェクトの持続可能性を総合的に評価する、BREEAM-NL認証の登録をしている（認証は未取得）（写真：Arjen Veldt Fotografie）

Photo _ 2 　ネオンサインを掲げているのがカフェエリアだ。建物のそばを通過する電車からの見え方も意識した（写真：Arjen Veldt Fotografie）

Photo _ 3 　内部の様々な場所で本が読める他、所々にコミュニケーションのスペースがある（写真：Arjen Veldt Fotografie）

Photo _ 4 　図書館の用途らしく、本を積み上げたようなデザインの座席スペース(写真:Arjen Veldt Fotografie)
Photo _ 5 　巨大な"車両型"テーブル。テーブルは保存した線路の上に置かれ、線路に沿って動かせる(写真:Arjen Veldt Fotografie)
Photo _ 6 　既存の構造体が残る閲覧スペース(写真:Arjen Veldt Fotografie)

Photo _ 7	既存建物の古い構造を生かした設計(写真：Arjen Veldt Fotografie)
Photo _ 8	高い位置にある窓から自然光が入り、古い構造体のハードな印象を和らげる。緑化も空間を彩り、鮮やかだ(写真：Arjen Veldt Fotografie)
Photo _ 9	LocHalの夕景外観。線路のすぐ脇に立ち、修理デポの名残がある(写真：Arjen Veldt Fotografie)

Photo _ 1

2019年にオープンした「LocHal」は、1932年に建てられ、オランダ鉄道の修理デポとして使われてきた施設を活用した。ただし、2015年から4年をかけて実施したリノベーションは、単なる修復が目的ではなかった。オランダ南部に位置するティルブルフ市内で、75ヘクタールにも及ぶ鉄道関連エリアを再開発するに当たっての起爆剤と位置付けられていた。

Photo _ 2

　場所は、駅やバス停など主要な公共交通機関にも隣接した好立地にある。リノベーションによって建物は図書館やカフェ、プレゼンテーション室、展示室を備えた、人が集まる場へと生まれ変わった。さらに、シェアオフィスや投資ファンドのオフィスも入居し、「知と文化」の集積地・共有の場でもある。

巨大空間を階段とスクリーンで分節

●

LocHalのフットプリント（平面寸法）は約60m×約90m。天井高さは15mに及ぶ。この巨大な空間をうまく分節しているのは、新設した階段や布製スクリーンだ。

Photo _ 3, 4

　エントランスホールは「屋根の架かった公共広場」のイメージであり、階段状になっているのがヨーロッパ的でもある。このホールには大きな読書用のテーブルが置かれ、展示スペースやコーヒースタンドなども配されている。イベントがあるときには、この階段状のスペースが観客席となる。

　階段を上がると、歴史を感じさせる古いガラス窓や柱を間近で見ることができる。大きなバルコニーからは街を一望することも可能だ。

　開催するイベントによっては、囲われた小さい空間が欲しい場合、もしくは声や音を遮りたい場合もある。そのために、6つの巨大な布製スクリーンを用意した。6つのスクリーンの横幅は、合計すると50mにもなる。スクリーンはコンピューターでその位置を制御でき、間仕切りとして使わないときには様々なイベントの背景や、巨大な空間を印象付けるためのアクセントにもなる。

　音響設計はアラップが担当した。プロジェクトの早期の段階で、建物内で行われる活動を想定し、予想される騒音レベルをシミュレーションで求めた。これによって空間の音響特性を把握し、ベストと考えられる選択ができた。スクリーンの設置は、このような音響シミュレーションの結果が反映されている。

建物内の線路を保存し記憶をとどめる

●

Photo _ 5-8

ここが鉄道の修理デポだった記憶をとどめるための心憎い工夫も見られる。建物内まで敷かれた古い線路は部分的に残し、その上に移動可能な"車両型"テーブルを3つ置いた。テーブルは、カフェの延長としても使えるし、3つをつなげることでステージとしても使える。さらに線路に沿って外部へ動かすことも可能だ。

　LocHalの環境計画と温度制御は難しい課題の1つだった。この施設は不特定多数の人が利用し、様々な用途が混在する。そのためエネルギー効率の良い環境を提供

することは複雑な仕組みが必要であると容易に想像がつく。アラップは、詳細な現地調査と高度なシミュレーションを設計プロセスの中で繰り返すことで、要求を満たすための検討を進めていった。

最終的には、「ユーザー主導の空調＝居住域を優先した空調」を実現するという結論になった。小さい部屋は個別の温度制御を行い、その一方、大空間では全体を空調することはやめ、階段状の座席のような人が触れる場所に限定して冷暖房を行うようにした。

Photo_9

オランダ鉄道の修理デポだったLocHalは、鉄骨造のシンプルなつくりで、一般的には保存する価値のあるものとはあまり見なされないタイプの建築かもしれない。しかし、改修された今の姿は、修理デポの大空間が持つ軽快さと、時の流れを感じさせる重厚感を併せ持った魅力的なスペースとなっている。うまい！と膝を打った。

●

［菊地雪代、アソシエイト／プログラム＆プロジェクトマネジメント］

ロックハル

所在地	オランダ、ティルブルフ
発注	ティルブルフ市（City of Tilburg）
延べ面積	1万1200m²
意匠設計	Civic Architects
保存・改修	Braaksma & Roos Architectenbureau
内装・ランドスケープ・テキスタイル	Inside Outside/Petra Blaisse
ランドスケープ	Donkergroen
図書館とオフィスの内装	Mecanoo
構造設計・環境設計・火災安全設計・ライティングデザイン・音響設計	Arup
改修完成年	2019年

PART

2

INFRASTRUCTURE
インフラストラクチャー

4

巨大ゆえに社会的責任増すインフラ

成熟した都市では老朽化したインフラの更新が、

経済成長著しい街では新たなインフラ整備の要請が相次ぐ。

Section 4では、空港ターミナル施設や地下鉄延伸プロジェクトなど

都市インフラに関わるプロジェクトを中心に紹介する。

アラップは、不特定多数の人々がパブリックスペースを

快適に利用できるためのシミュレーションや

今後長く使われることを想定した環境設計などに踏み込んできた。

都市の未来像を示し、社会的責任が増すInfrastructureに挑む。

THEME	INFRASTRUCTURE	インフラストラクチャー
ARCHITECT	MASSIMILIANO & DORIANA FUKSAS	マッシミリアーノ＆ドリアナ・フクサス
PROJECT	SHENZHEN BAO'AN INTERNATIONAL AIRPORT	深圳宝安国際空港
PLACE	CHINA	中国
YEAR	2013	オープン年

マンタが舞う、深圳宝安国際空港ターミナル

中国のかつての最高実力者、鄧小平は、1978年から改革開放政策を採用し、

経済の面では市場原理や企業の民営化など、

資本主義的要素を積極的に導入した。

80年、彼が中国初の経済特区として、広東省で指定したのが深圳経済特区だ。

それから40年余りがたち、深圳は世界8位（2021年時点）の

金融センターといわれるまで発展した。

その都市の「顔」でもある空港も、金融センターにふさわしい表情を見せている。

「深圳宝安国際空港」は、たった40km先の、アジアのハブ空港として

名をはせてきた香港国際空港（1998年）を追い越せとばかりに、

斬新な意匠設計と省エネルギー性能を兼ね備えた。

クールな表情のプロジェクトの背景には、

世界中から集まった考え方の異なる設計メンバー、

短工期、2008年のリーマン・ショックなど、幾多の困難があった。

Photo _ 1　　　　新たにオープンしたターミナル3（T3）は延べ面積が45万9000m²。T3の供用開始に伴って、既存のターミナルは閉鎖された（写真：Arup）
Photo _ 2　　　　設計を手掛けたフクサスは、コンコース同士が直角に交わる部分を「都市広場」と位置付けた（写真：Kalson Ho）

Photo _ 3　　情報掲示板やバーを備え、都市の粋を感じさせる空間として演出している（写真：Arup）
Photo _ 4, 5　内部の造作であるインターネットカウンターやチェックインカウンター、セキュリティーゲートなどは、全てフクサスによって
　　　　　　様々な大きさのハニカム形状をモチーフにデザインされている（写真：2点ともKalson Ho）
Photo _ 6　　磨かれたステンレスの仕上げやガラスは、光を拡散して万華鏡のような効果を見せる（写真：Kalson Ho）
Photo _ 7　　リーマン・ショックの影響もあり、最終的には現地で調達でき、技術的にも簡易化されたファサードとなった。
　　　　　　25万m²にも及ぶ外皮の製作を3社に分割発注した（写真：Arup）

6

7

Photo _ 8, 9   性能規定による火災安全設計を採用したターミナルの大空間(写真:8はArup. 9はKalson Ho)
Photo _ 10   カーブサイドは、マンタの遊泳を下から眺めているようでもある(写真:Arup)
Photo _ 11, 12   施工現場では、延べ3万人の労働者が作業に当たった(写真:2点ともArup)
Photo _ 13   T3の内観(写真:Kalson Ho)

10

11

12

13

真っ白で無機質、六角形にうがたれた開口から光が差す空間は、東京・銀座の高級宝飾店と言われても信じてしまいそうだ。

中国第4の都市である広東省深圳に2013年11月28日、新しい空港ターミナルビルがオープンした。深圳宝安国際空港ターミナル3(T3)だ。

基本設計の意匠はイタリアのマッシミリアーノ＆ドリアナ・フクサス、エンジニアリングはドイツのクニッパーズ・ヘルビッヒがそれぞれ担当。そして、実施設計は北京市建築設計研究院(BIAD)が手掛けた。アラップはエンジニアリングの中でも環境設計と火災安全設計を担当した。

Photo _ 1, 2

T3は延べ面積が45万9000m²、長辺は1000mを超える巨大な建物だ。13年11月は第1期として62ゲートがオープンし、年間2400万人の乗降客を想定している。35年には、年間4500万人の利用を見込む。

07年に実施された同空港の設計コンペには、ノーマン・フォスター氏や黒川紀章、gmpといった空港設計の実績がある建築家や設計事務所だけでなく、FOAやライザー・ウメモト氏、フクサスらといった空港設計の未経験者も招待された。

コンペの時点では既に、深圳の空港会社とオランダの専門家によって、建物の配置や階ごとの機能のゾーニングなどが決められていた。設計チームに要求されたのは、空港のターミナルを印象的なランドマークとし、約40kmしか離れていない香港国際空港よりも光彩を放つ建物にすることだった。| Fig. 14, 15 |

Photo _ 3-5

キーワードは「ハニカム」と「フラクタル」

●

フクサスは、建物のデザインを「マンタが深海から浮かび上がり、鳥へと姿を変えて、空高く舞い上がる様子」と例えている。

デザインを固めていく上では、曲面がつくり出す上部の構造体をいかに「ハニカム」という要素に落とし込んでいくかが検討された。ファサードやそれを支える鉄骨については、六角形を並べたハニカム形状となるように個々の部材の形や配置を決めた。

さらに、木の幹のような形をした換気塔や建物の全体形状などについては、「フラクタル」というキーワードに従ってつくり込んだ。フラクタルとは、図形の一部と全体とが相似形になった形態を指す。

3次元設計ソフトで試行錯誤

●

フクサスは建物の形状を決めるために、まず1/1000の縮尺で粘土の模型を作製。その後、3次元設計ソフトのRhinoseros(ライノセラス)を使ってサーフェスモデルをつくった。

さらに、そのモデルから形状を簡単に変えて比較検討をするためのコントロールポイントを設定。ハニカム形状への分割のほか、表面を覆う金属パーツの形状、耐震壁や昼光の取り入れ口の位置、見た目の美しさなど、たくさんのパラメーターを組み合わせて、最終的な形を決定していった。

Photo _ 6, 7

深圳宝安国際空港のターミナルと交通網は、「交通センター」と呼ぶ建物を介して結んでいる。
ターミナルの3階には出発ゲートにつながる巨大なロビーがあり、
その幅は642m、奥行きは306m、天井の高さは25mにもなる（資料：いずれもFuksas）

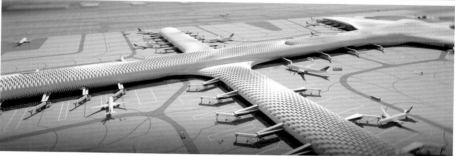

14

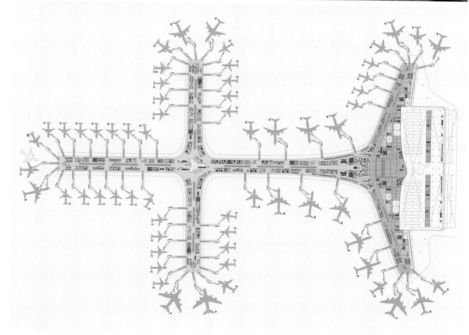

15

08年の設計当時、まだGrasshopper（グラスホッパー）などのアドオンソフトが開発の初期段階だったため、設計者自身がソフトの開発をしながらの試行錯誤であった。

「グリーンビル」の格付けを獲得

●

アラップは環境設計を担当。深圳宝安国際空港ターミナルは中国の環境建築の格付けである「グリーンビル（緑色建築）」において、3段階の中で上位から2番目の「2スター」を獲

得した。中国で同格付けが与えられた最初の空港ターミナルとなる。

深圳の夏は暑く、冬は温暖である。建物外皮をガラスとスチールで構成した独特の
ダブルスキンとすることによって、日射熱取得量を抑えた。

外側のアウタースキンに配したガラスは、日射の遮蔽に加えて、飛行機の騒音が建
物内に入るのを低減する。一方、六角形の開口が設けられた内側のインナースキンは、
日射による熱やまぶしさを遮りつつ、自然光をふんだんに取り込む役割がある。│Fig. 16, 17│

Fig. 16　　　外皮のダブルスキンは、部位によって薄くなっている。
鉄骨の構造体が、ダブルスキン越しに視界に入る滑走路や空の景色を引き立てる（資料：Fuksas）

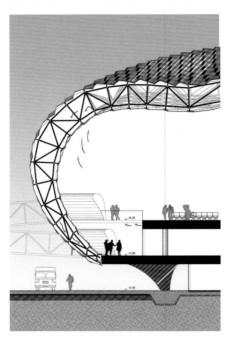
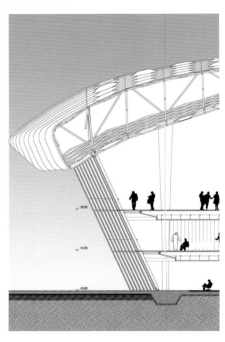

Fig. 17　　　さらに多様な空間を生み出すため、長さ760mのコンコースの外皮は、5カ所で内側にカーブしている（資料：Fuksas）

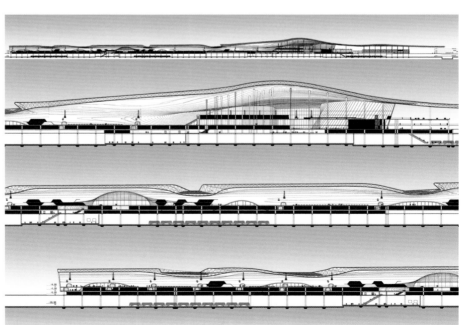

アラップは、冷水蓄熱や空調ゾーニング、熱回収、太陽熱温水システムなどを提案した。これらの省エネ効果によって、年間の光熱費を25%削減できると試算した。

Photo_8, 9

さらに、アラップは性能規定による火災安全設計も手掛けた。コンピューターによる流体解析によって、ターミナルの大空間における火災時の煙の流れや避難時の人の行動、また高温下での鉄骨の挙動についても解析した。

結果として、利用者の安全確保はもちろん、建設費の削減や設備などのメンテナンスの容易さにもつながっている。

建築家の選定から6年足らずで完成

●

T3のプロジェクトは、設計チームの選定から6年足らずで竣工にこぎつけた。日本の関西国際空港や中部国際空港でも、設計者の選定から竣工まで約6年だったので、驚くほど早いというわけではないかもしれない。

しかし、T3の規模は日本のこれらの空港の約1.5−2倍と大きい上、設計期間中にリーマン・ショックに襲われてプロジェクトの存続が危ぶまれた。構造の考え方やファサードのディテールにおいて、マスターアーキテクト側と中国側との考え方の違いで相当な議論をしたという話もある。

こうした困難を乗り越えて、短期間で完成させたプロジェクトの推進力は、注目に値するかもしれない。北京市建築設計研究院などの中国側では、延べ6000人が設計に携わったといわれている。

Photo_10−13

延べ6000人の設計関係者と、施工現場に寝泊まりしながら作業に当たった延べ3万人の出稼ぎ労働者。完成後のクールな印象のT3から想像するのは難しいが、そのカオスはいかばかりであっただろう。巨大空港プロジェクトなど当面期待できない日本とは対照的に、そのカオスは我々が体感しがたいエネルギーの塊のように思えてくる。

●

［菊地雪代、アソシエイト／プログラム＆プロジェクトマネジメント］

深圳宝安国際空港（深圳宝安国際機場）

所在地	中国、広東省深圳市宝安区
延べ面積	45万1000m²（ターミナルのみ）
発注	深圳機場公司
意匠設計	Massimiliano & Doriana Fuksas
構造設計	Knippers Helbig
環境設計、火災安全設計	Arup
オープン日	2013年11月28日

THEME	INFRASTRUCTURE	インフラストラクチャー
ARCHITECT	PACA	ページ・アイレス・カウリー・アーキテクツ
PROJECT	FULTON CENTER	フルトン・センター
PLACE	UNITED STATES OF AMERICA	米国
YEAR	2014	改修完成年

解体予定のビルを壊さず活用、NY地下鉄駅ビル

ビルが林立し、成熟した都市のようなイメージのある米国・ニューヨークだが、

近年は地下鉄の整備や観光名所となるような再開発が進み、

一層魅力的な街となっている。

2014年に完成した「フルトン・センター」は、日本でいうところの「駅ビル」で、

地下鉄やメイン道路の結節点でもある、いわゆる「TOD（公共交通指向型開発）」だ。

フルトン・センターを構成する建物の1つ、「コービン・ビル」は、

この再開発によって取り壊される予定だった。

当時は地下鉄のホームから地上に出るための階段でしかなかったから。

しかし、米国のルールにのっとって記録調査を開始すると、

技術の粋を集めたコービン・ビルの歴史的価値が見えてきた。

急きょ、取り壊しは中止となり、ビル保存のために計画全体を変えることになった。

その柔軟さと変更によって奔走した人々の努力と熱意が、

ニューヨークの街のイメージと重なるプロジェクトだ。

Photo _ 1 　マンハッタンの John Street とブロードウェイの交差点に立つ、フルトン・センターとコービン・ビル (写真：Arup)
Photo _ 2 　竣工間もない頃の外観 (写真：Arup)
Photo _ 3 　アーチの上に立っているのがガスタビーノ氏。ニューヨークのグランド・セントラル駅構内にあるオイスター・バーもガスタビーノ氏の作品。
　　　　　　　写真はボストン公共図書館の建設現場 (写真：Arup)

Photo _ 4, 5　　豪華な階段とレリーフの一部（写真：2点ともArup）
Photo _ 6　　　オーチスのエレベーター。建物の外部がほぼ昔の姿をとどめているのに対し、内部は相当に改装されていた。
　　　　　　　　しかし、華美な階段は2〜8階まで、オーチスのエレベーターも部分的に残っていた（写真：Arup）
Photo _ 7, 8　　ニューヨーク市の建築局からは、1898年当時の図面が見つかった。テラコッタタイルも清掃し、損傷の大きいものは全てつくり変えた（写真：2点ともArup）

Photo_9, 10 階高が高く特に強度が弱かった1階部分は、米西海岸でレンガ造の耐震対策として用いられている方法を取り入れた。
L形の鉄筋を何千本も設置し、ショットクリート（コンクリートをスプレーのように吹き付ける方法）を壁の両側に約10cmの厚みまで吹き付けた（写真：Arup）

Photo_11, 12 エスカレーターの走行路は9m幅の開口。ここは手掘りで慎重に進めた。この掘削だけで約1年を要した（写真：Arup）

Photo_13 エスカレーター走行路は、コービン・ビルの構造を断面的に見ることができる。地盤にレンガ造部分の荷重を効率良く伝えるための、珍しい逆アーチなども見える。
壁には、鋳物の装飾品など、コービン・ビルが栄華を誇った時代の遺産が飾られている（写真：Arup）

Photo_14 ブラケットを大規模に変えることなく鉄筋コンクリートでせん断補強をした（写真：Arup）

Photo_15 コービン・ビルの夕景（写真：Wade Zimmerman）

2014年、米国・ニューヨークのローワー・マンハッタンに、10路線の地下鉄やメインストリートをつなぐ"駅ビル"である「フルトン・センター」が完成した。1日の地下鉄の利用者数は30万人、総工費14億ドル（日本円で約1680億円）の大プロジェクトだ。

フルトン・センターの南側エントランスを構成しているのが、「コービン・ビル」だ。1889年、"超高層の父"と呼ばれたフランシス・キンボール氏の設計によって建てられた。この建築主であるオースティン・コービン氏の富を象徴するかのように、装飾の多いネオ・ロマネスク様式で、当時はマンハッタンで最も高いビルだった。│Fig. 16│

Photo _ 1

Photo _ 2

耐 火 と 荷 重 の 性 能 を 高 め る

●

コービン・ビルが建てられる少し前の1871年、シカゴで大規模な火災があり、8km²を焼失した。これによって、ニューヨークでも火災の延焼を防止することが喫緊の課題となった。

そこでキンボール氏は、スペインから1881年に移住したガスタビーノ親子が始めた「ガスタビーノ・カンパニー」に相談を持ちかける。ガスタビーノ氏はスペインのカタルーニャ地方の伝統であるヴォールト天井と、新興しつつあった鉄骨構造を組み合わせる可能性をいち早く見いだしていた。

ライズ（アーチ部分の高さ）の低いヴォールト天井に美しいインターロッキングタイルの意匠を施し、このタイルが耐火強度や荷重伝達の性能を高めていた。キンボール氏はこの構造をいち早く取り入れた。

Photo _ 3

コービン氏が事故で1896年に他界すると、コービン・ビルはその重要性を失っていく。1905年のニューヨーク市地下鉄の建設に伴い、ビルの地下階は地下鉄駅のホームから地上へ出るための階段に改修された。さらに1920年代には地上階も都市交通局に買収され、元の姿を失っていく。

フルトン・センターを建設するに当たり、コービン・ビルは取り壊される予定となった。

コービン・ビルはその古さから、米国立公園局が行っているプログラムである「Historic American Buildings Survey（歴史的な建造物の記録調査）」の対象であり、取り壊し前に写真や実測図面を残す必要があった。

この調査の過程で、隠れていた豪華なレリーフの数々やキャンチレバーの階段と

Fig. 16 <　カラー部分は改修前の写真、白黒部分は当時の図面。建設から1世紀がたつうちに、屋根にあった"ペッパーポット（こしょうびん）"と呼ばれた屋根が無くなり、ファサードには避難用の鉄製階段が設けられ、窓にはウインド型のエアコンが設置されていった（資料：Arup）

Fig. 17 >　ブロードウェイに面したファサードの幅は6.1m、奥行きは46.3m。奥に行くにつれて建物の幅が広くなり12.2mとなる。
1階は2層分の高さがあり、地下2階・地上8階建てだ（資料：Arup）

1

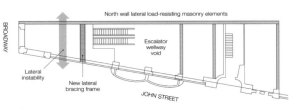

2

銅でつくられたその欄干、初期の地下鉄建設時から残る歴史の跡が確認され、最も初期のオーチス製の乗客用エレベーターが設置されていたことも分かった。

以上の結果を受け、2003年にコービン・ビルは「米国国家歴史登録財」(※注1)に指定された。一般の間でも、政府関係者の間でも、「このビルは保存すべきだ」という機運が高まり、コービン・ビルを保存し開発に組み込むようフルトン・センターの計画変更がなされた。またこの計画変更に当たり、改修費用は州の歴史保存局や連邦交通局が負担することとなった。

レンガ造と鉄骨造のハイブリッド

●

コービン・ビルのもともとの構造は、レンガ造の耐力壁と鉛直荷重を支える鉄骨フレームによるハイブリッド構造だ。ファサードは大部分が自立したレンガ造で、外周部の壁内に配置された鋳鉄の柱が床や屋根を支えている。梁は錬鉄だ。水平方向の安定性は、レンガ壁に頼っている。| Fig. 17 |

保存が決まって、主に以下の改修をすることになった。

・2つのビルをつなぎ、コービン・ビルの1階をフルトン・センターの南エントランスに
・地下をさらに掘り下げ、新しいエスカレーターを導入
・地上の各階に2カ所ずつ避難口と避難階段を設置
・建築設備を、フルトン・センターとコービン・ビルで共有
・フルトン・センターの鉄骨にコービン・ビルのコンクリートフレームなどを
　接合することによって、水平耐力を改善
・吊り天井によって隠れていた、タイル仕上げのアーチ天井を露出させる
・配線や照明、ITケーブルなどを敷設し直す
・既存の古いオーチス・エレベーターを保存

このプロジェクトは「2009年米国再生・再投資法」(※注2)によって資金を受けていたため、この中にある「Buy America」という条項によって、プロジェクトに使用する鉄やその他工業製品を全て米国で生産されたものにしなければならなかった。コービン・ビルの保存が決まった直前に施行された法律であり、既に設計や工事が同時並行している中でこの条項のために設計変更を余儀なくされた。

隣接建物に荷重を持たせる

●

この時代に建てられた建物によくあるように、コービン・ビルも鉄骨は鉛直荷重を支えるだけであり、水平荷重はレンガ壁と平面の片側にあるコア部分に頼っていた。しかし、避難用の開口を開けたためにそのレンガの壁自体もさらに強度を落としていた。そこで、建物のねじれ変形を抑えるために、何らかの補強をする必要があった。

建物の平面は小さく、コアなどを除くと1フロア当たり232m²程度だ。内部から大規模な補強をするのは現実的ではないと考え、隣接するフルトン・センターに荷重を持たせ

Photo _ 4–6

Photo _ 7, 8

161

る検討を始めた。

　フルトン・センターに緊結できるのは、2−3階の2層分のみ。コービン・ビル側に、コンクリートのラーメン構造のフレームを部分的に設置し、上層部と下層部の荷重を伝達するようにした。│Fig. 18, 19│

　また、水平荷重への耐力を改善するためには、床スラブの強化も必要となるが、今回は既存よりも荷重を増やすことが致命的となる。そこで、シンダーコンクリートの上にフローリング張りの既存の仕様から、気泡コンクリートの上に軽量コンクリート仕上げとした。

Photo _ 9, 10

掘削してエスカレーターを設置

●

コービン・ビルで最も大きな挑戦は、既存の基礎の底盤よりさらに6m深い位置まで掘削してエスカレーターを設置することだった。

　マンハッタンの地盤は、「ブルズ・リバー」と呼ばれる液状化しやすいシルト層がある。その上で、レンガ造部分の荷重バランスが崩れると悲惨なことになる。この掘削では、最初にコービン・ビルの外周部に沿って地盤改良し、安定化を図った。地盤改良が済むまで、計測器と目視によってひずみが無いかモニターし続けた。

Photo _ 11, 12

　掘削が進むと、フルトン・センターと反対側の道路地下部分の土圧によって既存地下外壁が崩れないようにせねばならないが、この力はリング状の切梁によってフルトン・センター側に新設した擁壁に接続した形で支持されている。│Fig. 20│

Photo _ 13

　床荷重については、既存の365kg/m²を610kg/m²に改善するため、既存の構造をさらに調査する必要があった。柱は中空の鋳物の角柱で、梁は、柱に溶接されたT字形、もしくはダブルT（TT）形の鋳物のブラケットで接続されている。

　アラップは、1890年代に発行された「エンジニア・ポケットブック」という、安全設計に関する資料を入手して当時の鋳鉄や錬鉄の断面形状などについて調べた。すると、現在と比較して驚くほど性能が低い設計標準であったことが判明した。当時は全米で統

Fig. 18 < 薄い緑の部分に、コンクリートのラーメン構造のフレームを部分的に設置。偏心を改善する（資料：Arup）
Fig. 19 > 上が既存、下２つが改修後の床断面。気泡コンクリートは米国ではあまり使われない。既存の錬鉄の梁は、設計荷重が持たず、Hiltiというメーカーの器具を梁のフランジにネジで設置することによって、梁の性能を改善している（資料：Arup）
Fig. 20 >> ピンク色の部分が、エスカレーター新設のために掘削した部分。エスカレーターによって、地下鉄の利便性は格段に向上した（資料：Arup）

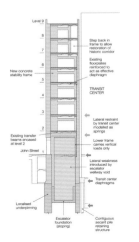
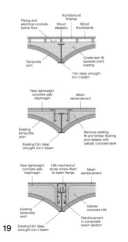
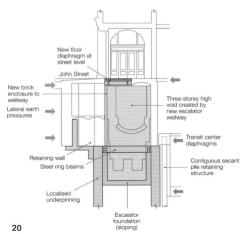

18　19　20

Fig. 21　アラップのATG(アドバンスト・テクノロジー・グループ)は、鋳物のブラケットがどのように破壊されるかということまでモデリングした(資料：Arup)

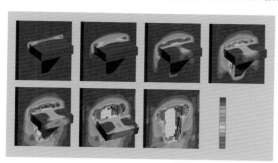

一された設計基準や法律が無かったうえに、せん断や曲げに対する理解も非常に限定的だった。

　　　結果的にはブラケットを大きく変えることなく鉄筋コンクリートでせん断補強をするに

Photo_14

至った。│Fig. 21│

不動産価値を高める

●

建築上かつ構造設計上の制限によって、コービン・ビルの2階と3階の床スラブを、隣接するフルトン・センターの床スラブに接続することになったが、視点を変えてみれば、段差が無く、より広い床盤面が確保できたことになる。

　　　そこで発注者は2−3階の用途をオフィスから大空間の店舗へと変更し、結果的に

Photo_15

はより不動産価値の高い開発とすることができた。

　　　国の内外を問わず、既存改修プロジェクトは予測不可能な事態や規制が多く、困難を伴うものだ。それでもエンジニアたちは、創造性を駆使し、革新的な設計アプローチを促進する非常に良い機会であると考えている。

　　　取り壊しの決まっていたビルを保存することにし、計画全体を変更する決断は相当の覚悟がいることだったと想像する。その果敢な姿勢と粘り強さは、確実にプロジェクトの細部から香気のように立ち昇っている。

●

［菊地雪代、アソシエイト／プログラム＆プロジェクトマネジメント］

［注1］　　　National Register of Historic Places
　　　　　　《the ～》米国国家歴史登録財◆1966年の国家歴史保全法(National Historic Preservation Act of 1966)によって制定された、保存に値する地域、史跡、建築、構造物、およびその他の物を登録する制度。所有者には、保全に関する支出に対する税の優遇措置が与えられる。
［注2］　　　American Recovery and Reinvestment Act of 2009

フルトン・センター

所在地	米国、ニューヨーク
発注	MTA Capital Construction
意匠設計	PACA(Page Ayres Cowley Architects)
コンサルタント・エンジニアリング	Arup
施工	Judlau Contracting 他
改修完成年	2014年

THEME	INFRASTRUCTURE	インフラストラクチャー
ARCHITECT	ZAHA HADID ARCHITECTS	ザハ・ハディド・アーキテクツ
PROJECT	BEIJING DAXING INTERNATIONAL AIRPORT	北京大興国際空港
PLACE	CHINA	中国
YEAR	2019	オープン年

不死鳥が舞い降りる、ザハ設計による北京の巨大国際空港ターミナル

利用者の多い巨大空港や、その国の顔となる首都の空港ターミナルビルは、
著名な建築家の設計によるものが数多くある。
香港や北京の空港ターミナルをノーマン・フォスター氏が設計したことも話題になった。
その北京首都空港のターミナル3が完成したのは、
北京オリンピックが開催された2008年だ。
それからあっという間に旅客数が増え、第2空港の必要性が出てきた。
北京の第2空港ともいうべき「北京大興国際空港」のターミナルは、
ザハ・ハディド氏の設計だ。年間の旅客数が約1億人に上るという想定で
つくられたメガ空港は、ハディド氏らしい曲面を多用した屋根と巨大な空間が特徴だ。
そこには、経済的な架構を考え、万が一の火災に備え、
排煙や避難を考えるエンジニアリング上の課題があった。

Photo _ 1　「北京大興国際空港」の内部。意匠設計はザハ・ハディド氏。
　　　　　　アラップは火災安全設計、乗客と物流のシミュレーション、構造のピアレビューを行った（写真：Hufton+Crow）

Photo _ 2　ヒトデ形とも、不死鳥形とも呼ばれる北京大興国際空港ターミナルを上空から見下ろす。
　　　　　　北京中心部から南に約46km離れた場所に位置する（写真：Xinhua News Agency）

3

4

5

Photo _ 3   空港の地下には鉄道が複数路線乗り入れており、利便性は非常に高いが、火災安全の観点からは、より複雑な検討が必要となった（写真：Hufton+Crow）

Photo _ 4   北京大興国際空港の内部。チェックインカウンターの様子（写真：Hufton+Crow）

Photo _ 5   行動シミュレーションによって、手荷物カートの必要数と配置場所、さらにそれらを管理するスタッフ数なども算出した（写真：Hufton+Crow）

Photo _ 6	北京大興国際空港は、国内線と国際線がフロアで分かれているため、垂直移動が煩雑になる。
	そこで、シミュレーションによって、エレベーターやエスカレーターなどの位置とサイズを決定した（写真：Hufton+Crow）
Photo _ 7	空港ターミナルの地下には、約8万m²の交通ハブがある。この交通ハブには、3つの駅が入る（写真：Zhou Ruogu Architecture Photography）
Photo _ 8	空港のカーブサイド。波打つような屋根が特徴的だ（写真：Zhou Ruogu Architecture Photography）

中国・北京の郊外に、ヒトデ形とも、不死鳥形とも呼ばれるターミナルを持つ、巨大な国際空港が2019年9月にオープンした。意匠設計はザハ・ハディド氏による。それまで北京の顔として稼働してきたのは「北京首都国際空港」で、新たに開港した「北京大興国際空港」は第2の首都空港ともいえる。

北京首都国際空港に、ノーマン・フォスター氏の設計によるターミナル3が整備されたのが08年で、それからまだ間もないように感じる。だが、14年には北京首都国際空港の年間旅客数が約8600万人と世界第2位の利用者数となり、処理能力が限界に達していた。そこで北京大興国際空港が計画されたのだ。

ターミナルは長辺が約1.2kmあり、建築面積は70万m²超、単一の構造ターミナルとしては世界最大規模だ。開港時の年間旅客数は約4200万人。今後の利用者は25年に最大約7200万人、最終的に約1億人に上ると試算されている。

北京大興国際空港の巨大さは、設計時の課題を難しくした。特に、空港中心部に存在する、約50万m²の広さを誇る地下2階から地上4階までの吹き抜け空間は、世界最大の「防火区画」で、火災安全設計で最も苦労した場所だそうだ。

アラップは、「パフォーマンスベース(性能検証)」の火災安全計画を立て、行政の承認を得た。その鍵となった対策は、「避難方法」「排煙」「鉄道とのインターフェース」「屋根の防火」の4点だ。

公共スペースを30に分割して避難方法を検討
●

まず「避難方法」から見てみよう。アラップは、空港内の公共スペースを30ゾーンに分割した。固定された壁で区切るのではなく、シャッターやドアの組み合わせによって区切り、通常時には空港利用者の移動を妨げることがないように計画した。

ただし、特に火災時の危険が高いゾーンについては、2000m²以下の広さとなるように壁でしっかり区切り、床は1時間半の耐火、その他の建材は2時間の耐火性能を確保した。

火災が起きた場合には、出火場所を検出して、その近くの避難階段は閉鎖し、他の階段を使うようにスマートサインで利用客などを誘導する。この避難方法のシミュレーションを実施し、専門家会議の承認を得た。| Fig. 9 |

排煙について中国の建築関連法規では、この北京大興国際空港よりもはるかに小さい空間を想定して設置要件を決めており、そのまま適用することはできなかった。一方で、空港の火災時に利用者を完全に退去させるのは稀で、出火場所から離れた所で通常業務を続けることが多い。火災安全対策も、そうした点を考慮して、快適さと業務の継続性を重視した。

最終的には、ターミナルを6つの排煙区画に分割した。各排煙区画の屋根部分にある、金属とガラスの間に排煙口(パッシブベント)を設け、そこから煙を排出できるように計画した。| Fig. 10 |

空港ターミナルの地下には、高速鉄道(新幹線)、地下鉄、北京市行きの空港急行列

Fig. 9 　最悪の火災が起こった場合のシナリオに基づいて、各種のシミュレーションを行った（資料：Arup）

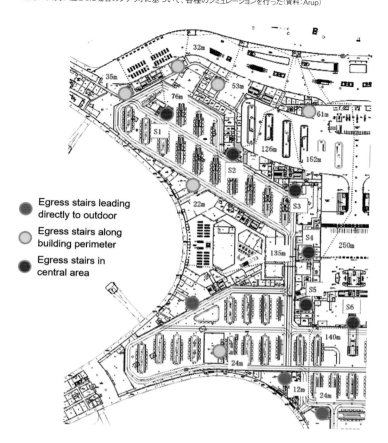

Fig. 10 　排煙についてはシミュレーションを実施し、排気口が開かなかった場合など、仮説を立てながら検証した。結果は設計に反映している（資料：Arup）

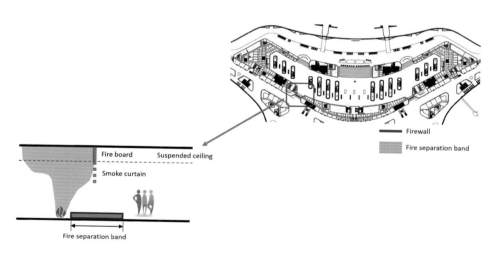

車、高速道路が乗り入れる約8万m²の交通ハブがある。通常、空港ターミナルと鉄道駅の火災安全計画は個別に作成する。だが、本プロジェクトの両者の相互依存性を考えると、一体的に計画するのが自然な流れだ。

　アラップは、鉄道と空港ターミナルをつなぐ乗り換えホールをメインの避難動線空間として提案。このホールが安全な場所となるよう、屋根に開口部を設置して屋外に避難するための手段を十分に用意し、小売店舗や燃料貯蔵などいわゆる「燃え草」を排除した。

中国では、鉄骨造は一定の耐火性能を確保するために、耐火塗料で保護する必要がある。今回、最悪の火災が起こったというシナリオに基づいて、屋根架構への影響をシミュレーションしてみたところ、フロアレベルから約6－9mの高さにある屋根トラスのみ防火すればよいという結果となり、屋根の大部分は耐火塗料が不要となった。この判断によって、数百万人民元（数千万円－1億円）のコスト削減につながった。

<u>建 設 開 始 前 に 乗 客 移 動 を 徹 底 的 に シ ミ ュ レ ー シ ョ ン</u>

●

アラップではかねてより、MassMotion（マスモーション）と呼ぶ群衆行動シミュレーションツールを開発して、駅やスタジアム、超高層ビルなどの計画に役立ててきた。どの部分に人が滞留するのか、避難するとしたらどれくらいの時間がかかるのか、などを事前に確認するためだ。

今回、このMassMotionとSimio（シミオ）という2つのソフトを利用して、中国の空港としては初めて、建設開始前に乗客移動に関する完全なシミュレーションを行った。

この空港で大切にしているのは、「ユーザーエクスペリエンス」だ。混雑や移動の不便さで空港の評価を下げたくない。乗客移動のシミュレーションは飛行スケジュールに基づいて行い、フライトの到着時と出発時の混雑についてボトルネックとなっている要因を特定することから始めた。乗客が利用する施設、セキュリティーチェック、出入国管理、バゲージクレーム、トイレに至るまでを検証し、必要に応じて廊下のサイズ変更などを行った。

Photo _ 5-7

さて、このプロジェクトで最も重要なポイントの1つは、ハディド氏が設計したダイナミックな屋根のエンジニアリングだ。屋根面積は約35万m²に及び、屋根の構造部材だけで17万個を超える。

アラップの役割はこの構造設計のレビューワーだ。1週間で解析モデルを立ち上げ、3カ月で最適化を行う、というハードスケジュールだった。│Fig. 11│

構造設計レビューを通じて、鉄骨部材の約1%がたわみの限界を超えており、補強が必要であると判明した。一方、部材の90%以上は検定値0.5未満（部材が持つ耐力の半分程度しか使われていない）、すなわち部材が大き過ぎるということも指摘した。

鉄骨部材の多くは、専門家会議が設定した細長比の限度を下回っていたため、圧縮材の断面を削減。中空部材については細長比が120の限界に近かったが、強度と剛性に余裕があったため、自重を最小限に抑えるために板厚を減らした。このような方策で、ターミナルの北西ウイングにおいて鉄骨量を40%削減できた。

また、屋根トラスの組み方も改善した。もともとは圧縮力と引張力の両方を負担するブレースを、各構面に1本だけ斜めに入れていた形だった。それを引張力だけに効くブレースを2本クロスに入れることによって、鉄骨量を減らした。ブレース鋼は70%削減

Photo _ 8

できた。

このレビューと最適化によって、構造部材については約4000トン、金額にして約5400万人民元（約8億4000万円）を超える鉄骨が節約でき、同時に二酸化炭素（CO_2）の排出量も削減できた。

Fig. 11 GSA、Sap2000、Strand 7、LS-DYNAなどの幅広い解析ツールを使用して、弾性解析、接続FEM解析、非線形解析を実行した（資料：Arup）

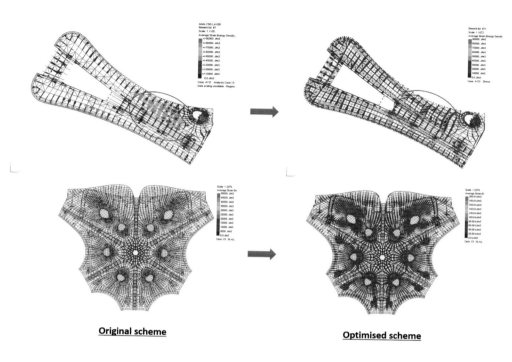

Original scheme　　　　　　　　**Optimised scheme**

　この空港が開港した19年9月は、まだ新型コロナウイルス感染症の気配すら感じていない時期だ。当面の空港利用者数は、試算から大きく外れているに違いない。ハディド氏の遺作の1つともいえるこの空港の、ダイナミックな空間を楽しめる日が早く訪れることを願っている。

●

［菊地雪代、アソシエイト／プログラム＆プロジェクトマネジメント］

北京大興国際空港

所在地	中国、北京市・河北省廊坊市
延べ面積（ターミナル）	70万m²超
発注	Beijing New Airport Construction Headquarters, Beijing Institute of Architectural Design（BIAD 北京市建築設計研究院）
JV パートナー	ADP Ingenierie, Zaha Hadid Architects, BIAD, China Airport Construction
火災安全設計、構造設計レビュー、乗客・ロジスティックシミュレーション	Arup
オープン時期	2019年9月

THEME	INFRASTRUCTURE	インフラストラクチャー
ARCHITECT	ARUP	アラップ
PROJECT	BANGKOK MRT BLUE LINE EXTENSION	バンコクMRTブルーライン延伸事業
PLACE	THAILAND	タイ
YEAR	2020	運行開始年

さらば、交通渋滞！
バンコクの地下鉄延伸
プロジェクト

いわずと知れたタイの首都、バンコク。

出張や旅行で訪れたことがある人も多いであろう。

王宮や寺院といった魅力的な観光地の数々や、

日系企業の支店や支所が集積する一方で、一時期は"世界一"とも

揶揄された交通渋滞で悪名高い都市でもある。

近年、この交通渋滞を解消するため、都市鉄道の建設が急ピッチで進んでいる。

最新のMRT（地下鉄）のブルーライン延伸プロジェクトについて紹介する。

Photo _ 1　　ワットマンコン駅の外観。アラップはイタリアン・タイ・デベロップメントと共に、ワットマンコン駅とサムヨット駅を設計した（写真：Saravut Eksuwan）
Photo _ 2　　チャオプラヤ川の下を通り抜けるトンネル。タイで最も深い位置にある土木構造物だ（写真：Arup）

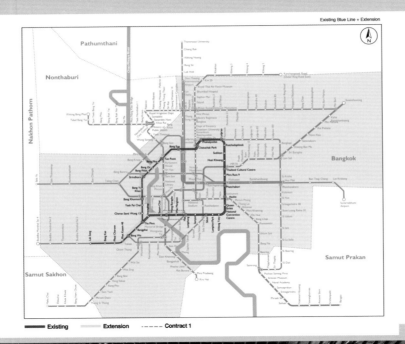

Existing Blue Line + Extension

——— Existing   ——— Extension   ------ Contract 1

3

4

5

Figure _ 3 　地下鉄の延伸によって、チャオプラヤ川で分断されていたバンコク西部からのアクセスを改善できた（資料：Arup）
Photo _ 4 　ワットマンコン駅構内。中華的な装飾が施された内観。連日多くの人が写真を撮りに来る（写真：Saravut Eksuwan）
Photo _ 5 　サムヨット駅の外観。緑色に縁取られた開口はこの地域の特徴的なデザインである。
　　　　　　駅前は毎日通勤通学時間になるとタクシーやバイクタクシーで混雑している（写真：Saravut Eksuwan）

Photo _ 6　　　　着工前のサムヨット駅前の様子（写真：Arup）

Photo _ 7　　　　交通を妨げないように配慮して工事を進めた。工事用のトラックやクレーンの位置から、いかに小さなスペースで建設したかが分かる。
　　　　　　　　　　コンクリートの打設は交通渋滞を回避するために深夜に行った（写真：Arup）

Photo _ 8　　　　施工後のパイプルーフ。上部の道路と地下に埋まるトラムの線路を支える。各鋼管は直径1.27mで、スパンは12.65mだ（写真：Arup）

Photo _ 1

Photo _ 2, 4
Figure _ 3

Photo _ 5-7

MRTブルーラインは、タイのバンコク市内を環状で囲む地下鉄路線（一部、地上駅あり）である。1997年に着工し、2004年にはバンコク北部に位置するバンスー駅から国鉄バンコク駅に隣接するフアランポーン駅間の路線を開通した。同区間の営業と並行して延伸工事を進め、ついに20年3月、バンコク初の環状鉄道の運行を開始した。

この延伸により、これまで鉄道でアクセスできなかったチャイナタウンや王宮といった旧市街へのアクセスが便利になった。観光客はもちろん、車での通勤や通学を余儀なくされていたバンコク西部の住民が広く利用できる路線となり、ピーク時には東京の山手線を彷彿とさせるほど混雑している。

ブルーライン延伸プロジェクトは全長約28kmに及び、19駅の新駅を建設した。駅舎やトンネル、換気塔（ベンチレーションシャフト、トンネル内の換気兼非常用脱出経路）、保線を含む土木工事にデザインビルド方式を採用した。全工事を5件の施工契約に分割し、アラップはタイ国内大手のゼネコンであるイタリアン・タイ・デベロップメントと共に区間1のワットマンコン駅、サムヨット駅、および2カ所の換気塔の土木設計、構造設計、地質エンジニアリング、意匠設計、鉄道エンジニアリング、火災安全設計、トンネル設計そして乗客の行動解析を担当した。工事5件のうち1件は保線工事のみ。駅舎、トンネルおよび換気塔の設計と工事は4区間、4件の施工契約に分割した。

ワットマンコン駅とサムヨット駅はバンコク最大の観光地でもあるチャイナタウンに隣接している。この地域にはSino-Portuguese（シノ・ポルトギース）様式と呼ぶ、中国とポルトガルの建築様式が融合した建物が立ち並んでおり、バンコクの旧市街の象徴的な景観をつくり上げている。

駅舎の設計では、この歴史的な景観を守りつつ、国内外から集まる大人数の観光客に対応できる動線計画や空間構成が求められた。完成後はタイで最も美しい駅との評判から人を集め、駅そのものが新たな観光スポットとなっている。

タイ初となる工法に挑戦
●
このプロジェクトにおいて最もチャレンジングだったのはサムヨット駅である。バンコク内でも有数の交通量を誇るサムヨット交差点の下に位置する。交通への影響を最小限に抑えるため、2車線の道路をふさぐことなく工事をすることが重要だった。

さらに、地下3mにはおよそ150年前に建設されたアジア初のトラムの線路が埋まっており、この歴史的土木遺構を一切傷つけることなく工事を行うことも条件の1つだった。この2つの課題により、単純に穴を掘り、地下構造物を建設することはできなくなってしまった。

バンコクでは、一般的に駅舎が位置する深度周辺に「バンコクソフトクレイ」という軟弱地盤がある。そのため、地下鉄駅舎の建設では逆打ち工法を採用することが多い。

まず土留め壁、基礎、駅舎本体の構造壁、止水壁の4役を担うダイアフラムウォールと呼ぶ、連続した鉄筋コンクリート壁を地中に施工する。その後、最上部から順にスラブを施工。掘削とスラブの施工を繰り返して地下構造物を建設していく。

サムヨット駅も他の駅舎と同様にこの逆打ち工法の施工計画を立てた。しかし、屋

根スラブの施工では、一般的に屋根面までの土を掘削する必要があるが、今回は駅舎上部の道路の交通と地下に埋まる土木遺構に触れられないため屋根面全面を掘削できなかった。

そこで採用したのが「パイプルーフ」である。パイプルーフは1977年にベルギーのアントワープで地下鉄駅を工事する際に初めて採用された施工方法だ。鋼管を水平方向に打ち込むことで、掘削せずにスラブを地中に施工できる。今回のように躯体上部を掘削できない場合などに、仮設のスラブや壁として用いることが多い。

Photo _ 8

通常、このパイプルーフは一方向からの荷重のみを想定し、掘進機の発進側と到達側に立て坑などの空間を設けて、単純支持梁として設計する。しかし、サムヨット駅の道路脇には既存の建物が密集しており、掘進機の到達側に空間を確保できなかった。

そこでパイプルーフの鋼管と先に施工したダイアフラムウオールとを、シアコネクターで接続。到達側にピットを持たない施工を実現した。一般的なパイプルーフの設計とは異なり、ダイアフラムウオールから伝達される土圧による鋼管への圧縮力も考慮した設計だ。この到達側にピットを持たないパイプルーフの施工は、タイの建設史上、初の試みとなる。タイの建設技術が新たな時代を迎えたことを世界にアピールするきっかけとなった。| Fig. 9 |

Fig. 9　パイプルーフの設計スケッチ。駅舎のエントランス側（図右側）からパイプを打ち込み、
ダイアフラムウオール（図左側）とシェアコネクターで接続した（資料：Arup）

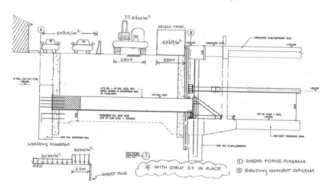

歴史的景観や遺構を残しつつ、着実に東南アジアの中心都市として成長を続けるバンコク。現在、バンコクではさらに新たな3路線の地下鉄の建設が進行中だ。「ほほえみの国」の人々から笑顔を奪っていたバンコクの交通渋滞が見られなくなるのも遠い未来の話ではないだろう。建設技術の成長と共に、バンコクという都市はますます魅力を増している。
●

［松岡舞、構造エンジニア／シビルアンドストラクチャーエンジニアリング］

バンコクMRTブルーライン延伸事業

所在地	タイ、バンコク
発注	Mass Rapid Transit Authority of Thailand
土木設計、地質エンジニアリング、構造設計、意匠設計、建築設備設計、火災安全設計、プロジェクトマネジメント、交通エンジニアリング	Arup
施工	Italian-Thai Development
運行開始時期	2020年3月

PART

2

DIGITALIZATION
デジタライゼーション

5

建築の可能性広げる新分野

"一品受注"が基本の建築界は、しぶとく残る「アナログ業界」ともいえる。

それでも昨今はデジタル化が進み、建築の可能性が大きく広がりつつある。

Section 5では、造形に強いこだわりを持っていた

ザハ・ハディド氏のプロジェクトを支えた技術や、

環境制御や運用状況などを管理できる「デジタルツイン」の導入に触れる。

Digitalizationによって複雑なデザインの実現性が増したほか、

建築プロセスの生産性が上がり、運用管理の面でもサポートが進む可能性がある。

様々なプロジェクトに多角的に携わろうとするアラップにとって欠かせない分野だ。

THEME	DIGITALIZATION	デジタライゼーション
ARCHITECT	ZAHA HADID ARCHITECTS	ザハ・ハディド・アーキテクツ
PROJECT	ZARAGOZA PAVILION BRIDGE / EVELYN GRACE ACADEMY	サラゴサ・パビリオン・ブリッジ／ エブリン・グレース・アカデミー
PLACE	SPAIN / UNITED KINGDOM	スペイン／ 英国
YEAR	2008 / 2010	完成年

脱「アンビルトの女王」、 ザハを支える エンジニアリング

ザハ・ハディド氏はかつて、「アンビルト(建築されていないこと)の女王」と呼ばれていた
時代があった。2021年に開かれた東京五輪のメインスタジアムとなった
新国立競技場の国際デザイン・コンクールで、ハディド氏の案が最優秀賞に選ばれた
12年には、まだ実作が少ないイメージが残っていたように思う。
その後、彼女の名が広く知れ渡ったことは記憶に新しい。
日本で実現した彼女の作品は、08年の「モバイルアート シャネルコンテンポラリー
アートコンテイナー」が比較的有名だろうか。
しかし、移動式パビリオンというコンセプトだったため、
約1カ月という短期間のお目見えだった。
それでも、「これぞ、ザハ」という造形に対する強いこだわりと、
ファサードが空間をも構成していく手法を目の当たりにした。
まだ複雑な曲面の構造解析やパラメトリックデザインと呼ばれるような
設計手法が黎明期だった頃の、彼女とのコラボレーションについて紹介する。

ZARAGOZA PAVILION BRIDGE/
EVELYN GRACE ACADEMY

SPAIN/
UNITED KINGDOM

2008
2010

Photo _ 1　同じ形状になるようにデザインされたパネルが、うろこのようにも見えるファサード（写真：FG+SG Fotografía de Arquitectura）

2

3

Photo _ 2
Photo _ 3

サラゴサ万博のパビリオン・ブリッジ内部。ザハ・ハディド氏らしい、曲線がつくり出す未来的な空間（写真：FG+SG Fotografía de Arquitectura）
この橋の基礎は、スペインで最も長いドリル工法による杭基礎となった。地盤による制約も設計上、大きな課題だった（写真：FG+SG Fotografía de Arquitectura）

ZARAGOZA PAVILION BRIDGE/
EVELYN GRACE ACADEMY

SPAIN/
UNITED KINGDOM

2008/
2010

4

5

Photo _ 4   エヴリン・グレース・アカデミーは、このトラック（校庭）からの見え方を重視して設計された（写真：Hufton+Crow）
Photo _ 5   機能ごとに分節された構成がよく分かる（写真：Hufton+Crow）

アラップ東京事務所に在籍する構造エンジニア・金田充弘（6−15ページで登場）は、ザハ・ハディド氏のプロジェクトを担当した経験を持つ。

2008年に開催したスペイン・サラゴサ万博のパビリオン・ブリッジ。文字通りパビリオン機能を持つ橋である。ここでは、彼女の作成した3Dモデルからジオメトリー（幾何学的な配置・形状）を取り込んで分析し、湾曲した形状を実現するとともに、ファサードのパネル割りにも合理性を持たせた。

Photo _ 1

金田によれば、「ハディド氏にとって、形へのこだわりはもとより、建築とファサードの融合が非常に大切」であり、「ガラスの多用やコンクリートの素地を現しにすることは比較的少なく、クラディング（金属や石などによる被覆）など既存のシステムによるパネル割りなどに注力している」そうだ。

「最後まで魅力的な形状を追求する」

●

ファサードには気密性、水密性、断熱性など意匠以外にも様々な機能が要求されるため、相応の厚みがおのずと必要となる。「パネル割りを行う際に、例えば鋭角な端部は納まっているかなど、設計を進めながら製作の限界を詰めていっている感がある。最後まで、魅力的な形状を求めて設計が変わっていく」（金田）

Photo _ 2, 3

ハディド氏がアラップといくつかのプロジェクトを経験する過程で、コンピューターの技術も進歩し、現在では両社間で、パラメトリック（値が変動し得る）モデルを共有し、設計作業を行っている。

近年では、デザインとエンジニアリング、プロダクションの中間のようなコーディネーター的な役割や、ジオメトリーを調整する役割をする担当者が必要だ、ということで双方合意に至っているようだ。実際に、アラップのエンジニアの職能として、自由曲線による複雑な形状に、規則性を持たせるような、最適化・合理化のスキルが求められるようになってきている。

エヴリン・グレース・アカデミー

●

ハディド氏とアラップで協働し、10年に竣工した、英国・ロンドンの「エヴリン・グレース・アカデミー」である。

Photo _ 4

ここは民間からの寄付金を取り込んだアカデミー方式による、1200人の生徒が通う学校である。年齢層も幅広く、様々な機能が共存している。設計のコンセプトは「複数の小さな学校から成る、一つの学校」というテーマで、建築的にも、個々の小さな学校の存在が分かるような分節的な建物構成としたい、ということだった。

これは構造の面としても挑戦的で、平面を上下階でずらした部分にキャンチレバーが必要となり、それに伴いファサードの納まりも複雑になった。彼女の代名詞とも言える曲線こそ少ないが、壁は斜行している。そのスラスト（柱の脚元が広がろうとする力）処理が床スラブ内で納まるように設計した。

Photo_5

このプロジェクトでは、予算の制約などにより、設計者間で最初にルールを決め、斜行する壁は、外観に影響を与える部分のみとし、シア・ウオール(耐震壁)は垂直となるように配置した。

上記以外にも、竣工したもの、設計中のものを含めて世界中でハディド氏とのプロジェクトが複数進行中である――。もう「アンビルト」とは呼ばせまい。

「建築の歴史＝人の歴史」といえるくらい、建築は人に密接したもので、それが故に古い体質の残る産業でもある。が、彼女のような形への探求心が新しい職能を必要とし、形の持つ力が感動を与えることもある。世界の人口に膾炙するものになるに違いない。

●

[菊地雪代、アソシエイト/プログラム＆プロジェクトマネジメント]

サラゴサ・パビリオン・ブリッジ

所在地	スペイン、サラゴサ
延べ面積	6415m²
発注	Zaragoza Expoagua 2008 SA
意匠設計	Zaha Hadid Architects
構造設計、建築設備設計、火災安全設計、ファサードエンジニアリング、群衆フロー分析、水文学的調査	Arup
完成年	2008年

エヴリン・グレース・アカデミー

所在地	英国、ロンドン
延べ面積	1万745m²
発注	School trust ARK Education, Government DCSF
意匠設計	Zaha Hadid Architects
構造設計、建築設備設計、設計監理、地質工学的調査	Arup
完成年	2010年

THEME	DIGITALIZATION	デジタライゼーション
ARCHITECT	ZAHA HADID ARCHITECTS	ザハ・ハデイド・アーキテクツ
PROJECT	MATHEMATICS– THE WINTON GALLERY	マスマティックス（数学） ザ・ウィントン・ギャラリー
PLACE	UNITED KINDGOM	英国
YEAR	2016	完成年

ザハの数学ギャラリー、思わず足を止める照明演出

ザハ・ハデイド氏の遺作で建設中のプロジェクトは、
数十あるといわれているが、2016年に没後、
英国内初のプロジェクトが同年に完成した。
数学をテーマにしたギャラリーだ。
航空機が起こす気流などにインスパイアされた展示。
そのうねりや形態を際立たせるのに、ライティングも一役買っている。
その展示照明について解説する。

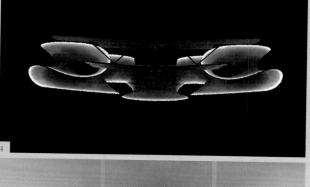

Photo _ 1　ウィントン・ギャラリー中央部に展示した、ハンドレページ社の飛行機と乱気流パターンを形態化した3次曲面インスタレーション（写真：Arup）

Photo _ 2　膜構造インスタレーションを背面から見る。膜端部に組み込んだLED照明が赤紫から青色と色相を変え、
　　　　　　インタラクティブで魅力的な展示に寄与している（写真：Arup）

Photo _ 3　ケース照明は、展示物によって均一に照らしたり、コントラストをつけたり、学芸員と相談しながら決定した（写真：Arup）

Photo _ 4　3Dモデルを使った照明解析。内照式の膜構造インスタレーションの照明効果を見る（写真：Arup）

Photo _ 5　展示照明に加え、ギャラリー周囲の壁面を照らしたときの光環境の検討なども行った（写真：Arup）

展示テーマに「数学の美しさ」を探求した、ウィントン・ギャラリー（The Winton Gallery）。2016年12月に英国・ロンドンのサイエンス・ミュージアム内にオープンし、数学的な実践が現実世界でどのように役立っているかを常設で展示している。設計のザハ・ハディド・アーキテクツとともに、アラップは構造と建築設備エンジニアリング、ライティングデザインを担った。

Photo _ 1

ギャラリーの中心に据えたハンドレページ社の木製飛行機は、安全な航空機をつくることを促進する競技会のために、1929年に製作されたものだ。当時の空気力学研究は、この実験的な飛行機の翼設計に影響を与え、飛行の安全性についての世論を変えて、航空業界の未来を確約した。

このハンドレページ社の飛行機にインスパイアされた展示計画は、航空機の周りを空気がどのように流れているかを示すように、展示物やベンチ、床のライン、照明を配置している。

そして、飛行機の背後に浮かぶ、3次曲面で構成された膜構造のインスタレーションは、飛行によって起こる乱気流を象徴し可視化したものだ。縁に組み込んだRGBWのLED照明によって赤紫色から中心部に向かって青色に色相変化し、動きを錯覚させるような、ミステリアスな印象をもたらす。

この赤紫といった色の設定ついては、チーム内で多くの議論が行われた。複数のオプションを検討し、現場で調整した結果、他のベース照明と最もコントラストがつくこともあって選択された。| Fig. 6, 7 |

Photo _ 2

展 示 物 の 保 存 条 件 で 照 明 を 使 い 分 け
●

全ての展示ケース照明は、様々な展示物の保存要件を考慮したうえで開発したものだ。ライン・タイプや一灯式、多灯式システムを必要に応じて使い分け、調光によるフリッカー（ちらつき）のない、そして高演色のLED照明が各ケース内に組み込まれている。

Photo _ 3

また、各展示物や展示ゾーンを紹介するために使っているラベルやパネルは、天井埋め込みの狭角スポットライトにより照射した。ここでは、ラベルを照らす照明が漏れることによって、展示物自体の照度基準に影響しないよう、3Dモデルを使って照射角度や配置を詳細に検討した。紙など光放射に敏感なものは50lx（ルクス）、一般的な展示物の照度設定は150lx以下となっている。

そして、現場では3Dモデルによる照明解析と同じ照射角度になるように、スポットライトのエージング調整を行った。

3 D 解 析 モ デ ル で 照 明 要 素 を 検 討
●

展示室全体の照明解析を行った結果、展示の中心となる飛行機と膜構造インスタレーションの背景として、四周の壁面を照らすことが有効であることが明らかになった。ギャラリーを流れる2本の壁面間接照明が追加され、乱流と対になる層流の境界を表現した。

もともとサイエンス・ミュージアム内の、より大きな展示エリアへの通過動線的な立ち位

Fig. 6 　初期の照明レイアウト図。飛行機の周りを空気がどのように流れているかを示すように、照明配置を検討した（資料：Arup）

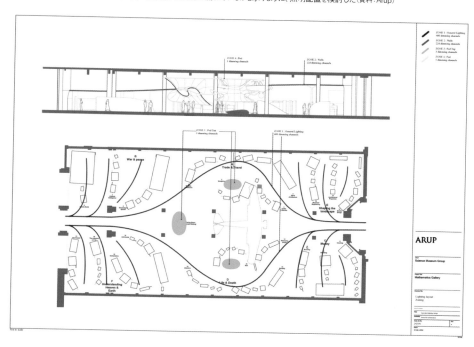

Fig. 7 　膜構造の照明手法スケッチ。内照用に色変化するRGBWのLEDを縁に組み込み、中央3カ所に天井埋め込み照明を設置した（資料：Arup）

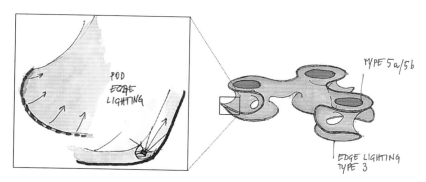

置にあった数学ギャラリーは、今回の改修を経て、多くの訪問者が足を止めて鑑賞する空間へと生まれ変わった。ザハ・ハディド氏が2016年3月に亡くなった後、英国で最初にオープンした施設であり、建築デザインが展示キュレーションにいかに中心的な役割を果たし得るかを示す、代表的なプロジェクトになったといえるだろう。

●

［井元純子、アソシエイト、ライティングリーダー／ライティング］

マスマティックス（数学）ザ・ウィントン・ギャラリー

所在地	英国、ロンドン
発注	The Board of Trustees of The Science Museum
設計	Zaha Hadid Architects
構造、建築設備設計、ライティングデザイン	Arup
完成年	2016年

THEME	DIGITALIZATION	デジタライゼーション
ARCHITECT	WONG & OUYANG	ウォン・オーヤン
PROJECT	ONE TAIKOO PLACE	ワン・タイクー・プレイス（太古坊一座）
PLACE	HONG KONG	香港
YEAR	2018	完成年

香港のAIスマートビル、デジタルツインで管理の手間を軽減

建物の「実空間」と、シミュレーションなどを行う「デジタル空間」とを、
人が自由に行き来する———。「デジタルツイン」は、
そんなSF（サイエンス・フィクション）の世界のようなイメージだろうか。
実際に行き来するのは人ではなくデータだが、それによって、建物の環境制御、
運用管理、利用状況把握などがリアルタイムでできるようになった。
これを可能にしているのは、センサーや通信用チップセットの低価格化、
バッテリー性能の向上、規制緩和によって、
近年急速に発達しているIoT（モノのインターネット）技術とAI（人工知能）技術だ。
建物にIoT技術を応用する場合、IoT技術自体が価値を生み出すものではなく、
どんな課題をどのように解決したいのか、
という設計や運用側の問題意識がポイントとなる。
今回は、アラップが開発した統合プラットフォーム「Neuron（ニューロン）」と、
香港のオフィスビルでNeuronを導入した事例を紹介する。

Photo _ 1 　香港に立つオフィスビル「One Taikoo Place」。屋上緑化を含む6000m²を超える緑化エリアを持ち、超高層ビルに囲まれたビジネス街で働く人々が
　　　　　　　リフレッシュできるよう、自然を身近に感じられる環境を提供している。米国発祥の環境認証「LEED」のPlatinumに加え、
　　　　　　　米国発祥の健康建築性能評価「WELL」のPlatinumのダブル取得を達成した（写真：Marcel Lam Photography）

Photo _ 2 　アラップが開発した統合プラットフォーム「Neuron（ニューロン）」の導入例。新型コロナウイルスの感染対策のため、
　　　　　　　自動スクリーニング機能システムを最近追加した。建物入り口に設置したサーモカメラと、画像認識を組み合わせて体温の高い人を検出する（写真：Arup）

建物は人々が多くの時間を過ごす場所だ。社会の変化に応じて、人々の建物への要求は少しずつ変わっていく。最近では、省エネ性能やBCP（事業継続計画）対策、さらに新型コロナウイルスの感染拡大などの影響から、健康・感染症対策といったレジリエンス性能の向上も重要となってきている。提供すべき機能やその複雑さが増していく一方で、ビル管理の人手不足も課題だ。

　IoTセンサーやネットワーク、AIといったITが発達してきた今、その技術を用いてビル管理の省力化と提供サービスの向上を両立させ、さらに時代に合わせて施設機能を追加していく、いわば"ソフトウエア・アップデート"できる建物は実現できないだろうか。アラップではそうした要望に応えるために統合プラットフォーム「Neuron」を2018年に開発した。そのNeuronと導入例を紹介したい。

　まずは、「デジタルツイン」を使って施設運営の理想的な状態を考えることから始めよう。デジタルツインは、実建物に関するあらゆるデータを検出し、それらをコンピューター上でリアルタイムに再現することで、実建物に対する"ツイン（双子）"となるデジタル建物をつくる概念を指す。使うデータは、例えば実建物内の人の動き、エレベーターや空調といった設備の稼働状況などだ。│ Fig. 3 │

Fig. 3　　　デジタルツインの概念図。デジタル建物を使ってシミュレーションを実施し、将来の状態を予測する。
その結果を基に、実建物に対して最適なオペレーションを行い、運用効率を最大化することを目指す（資料：Arup）

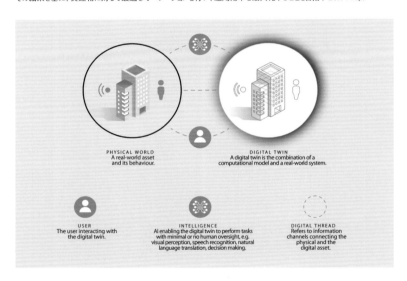

デジタルツインが理想的に機能している状態では、建物が自律的に設備機器などの運転を行うため、人は遠隔地から複数棟を一括監視できる。デジタル建物上で人数や天気といったデータを分析し、将来必要な空調負荷を予測する。それを基に熱源制御を行うことで、その建物の設備が持つ省エネ性能を最大化できる。

　また、設備稼働状況のデータから、どの設備がいつ故障するかが分かるようになることも大きなメリットだ。例えば、システムが人の手を借りずに設備を発注、修理作業員を手配し、必要なカードキーを自動的に発行してくれる。

　震災が起きた際には、躯体のセンサーデータを基に、デジタル建物上で建物安全度の診断を行い、エレベーターや建物運用の復旧を自動判断できる。

Fig. 4 Neuronは建物内のビルマネジメントシステム、設備、IoT センサー、監視カメラなどのセキュリティーシステム、BIMをまとめて管理できるプラットフォームとして開発した（資料：Arup）

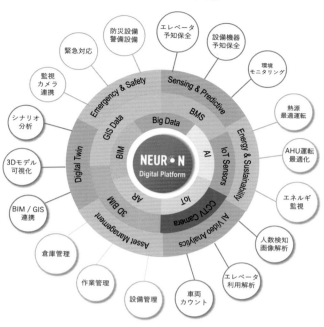

Photo _ 1

横断的な管理ができる上位システム「Neuron」

●

デジタルツインを実現するには、膨大な数のセンサーや処理が必要となる。しかし、強調しておきたいのは、各設備のデータを統合して分析し、連携させる統合プラットフォームの重要性だ。

　現在、多くの建物ではビルマネジメントシステムや、エレベーター、セキュリティー、防災、IoTセンサーといった各システムがバラバラに機能している。理想的なデジタルツインを実現するならば、それらからデータを収集し、分野横断的に解析をかけ、それぞれのシステムに指示を与えられる上位の管理システムが必要不可欠だ。

　そこで、アラップはNeuronと呼ぶ統合プラットフォームを開発した。Neuronはこれまで別々に管理されてきた建物内のシステムを束ね、さらにそれらをファシリティーマネジメント機能と統合することで、建物全体を集中管理する頭脳として機能する。また、Neuronはクラウド上で動作するため、複数棟の一括管理や、遠隔での機能追加・向上が可能だ。│ Fig. 4 │

　既に香港や中国本土の数件の建物で運用されており、その1例が「One Taikoo Place」だ。香港島の中心地に位置し、41階建て、延べ面積9万5000m²の規模を持つ。香港大手デベロッパーであるSwire 社が開発した新築複合施設である。アラップは構造設計などの分野で携わり、デジタルコンサルティングの一環としてNeuronを導入した。

　本建物では、Neuron上で設備の運転履歴、監視カメラの画像解析から取得した施設内の人数データ、天気予報などを基に24時間後、あるいは30分後に必要とする空調負荷を、機械学習を用いて予測する。そして、エネルギー消費量が最も小さくなるように、チラーや冷却塔といった熱源設備の個別運転スケジュールを作成し、空調運用オペ

Fig. 5

Neuronシステムの画面例。設備稼働状況や空調エネルギー、上水消費量、電力消費量などのリアルタイムデータや、電力消費の内訳の日別推移、テナント別の電力消費量といったデータを表示している（資料：Arup）

Fig. 6

Neuronシステムの画面例。ニューラルネットワークを使って将来の空調負荷を予想し、それに応じた最適な運転スケジュールを画面上で提案してくれる（資料：Arup）

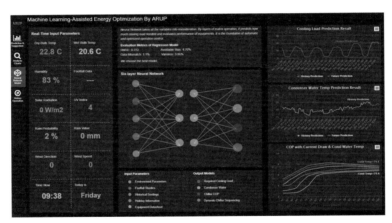

レーターに提案する機能を持つ。│Fig. 5, 6│

　　　Neuronによる運用補助機能を用いることで、手動オペレーションと比較して空調エネルギーを約15%削減した。さらに興味深いことに、脳の神経機能を模倣したAIによる情報処理方法「Neural Network（ニューラルネットワーク）」による学習を行っているため、竣工後であっても時間がたつにつれて設備機器の運用が上達し、省エネ性能が向上する。

機 器 の 故 障 や 清 掃 時 期 を 自 動 推 定 し て お 知 ら せ

●

Neuronで使えるファシリティーマネジメント機能もいくつか紹介したい。本建物では竣工時に作成したBIM（ビルディング・インフォメーション・モデリング）上に設備機器のデータや仕様書、設計図などの情報を統合している。│Fig. 7│

　　　空調機器やエレベーターのセンサーデータを基にその機器の故障時期を推定した際、さらには、IoTセンサーを用いてトイレの清掃が必要なタイミングを検知した際には、作業員のスケジュール上に機器の交換時期や清掃時期を自動的にリストアップする機能を備えている。不要な定期点検作業をなくし、必要な時に点検・清掃を行うシステムに変え

Fig. 7

Neuronシステムの画面例。BIMモデルを見ながら設備をクリックすると、現在の稼働状況、
リアルタイムの機器データ、仕様書・説明書が表示される。機器の制御も可能だ（資料：Arup）

ていくことで、テナントの満足度を維持しながらも建物の運営効率を上げられる。

　空調エネルギーの削減や、ファシリティーマネジメントの効率化達成といったNeuron
導入の実績が認められ、Swire社が新規開発している建物でもNeuronの導入が進ん
でいる。その建物はOne Taikoo Placeと同様の規模、似たプロポーションであることか
ら、Neuronに蓄積した各設備稼働データを設計に生かすことができる。過剰設計を防
ぎ、省エネで、よりテナント満足度の高いオペレーションを目指していく。

　また、アラップではソフトウエア・アップデートの要領でNeuronの機能を随時追加し
ている。最近では新型コロナウイルス感染症（COVID-19）の流行を受けて、感染症対策の
機能を追加した。

Photo _ 2

　導入例としては、建物の入り口にサーモカメラを設置し、体温が高い人を検出した
際には警告音を出すようにした。その後、発熱者は専門員による詳細なチェックを受け
る。今後、これをセキュリティーシステムと連携すれば、発熱者の入館の自動制限、追跡
も可能になるだろう。

　このように、Neuronのような統合プラットフォームを用意しておけば、建物の竣工後
であっても機能追加が容易になり、社会の変化に合わせて持続的に施設機能を更新で
きる。建物が持つ様々な機能の自動化や、省エネ性能の最大化も可能だ。デジタルツイ
ンの実現が進む世界では、設計者や事業者、運用者などが、「何を解決したいのか」明
確な意識を持つことで、建物の可能性をいくらでも広げられるようになる。

●

［大江晴天、環境設備エンジニア／環境設備］

ワン・タイクー・プレイス（太古坊一座）

所在地	香港
延べ面積	9万4810m²
発注	Swire Properties Limited
意匠設計	Wong & Ouyang（HK）
構造設計、環境設計、ファサードエンジニアリング、火災安全設計	Arup
完成時期	2018年9月

THEME	DIGITALIZATION	デジタライゼーション
ARCHITECT	COX ARCHITECTURE, FABRITECTURE	コックス・アーキテクチャー、ファブリテクチャー
PROJECT	KEN ROSEWALL ARENA	ケン・ローズウォール・アリーナ
PLACE	AUSTRALIA	オーストラリア
YEAR	2020	改修後オープン年

全面膜屋根への改修で
全天候型競技場に
生まれ変わった
「シドニー五輪のレガシー」

2000年シドニー五輪で使用したテニス競技会場が20年たって改修された。
円形のアリーナで、改修前は観客席のみがドーナツ状の屋根で覆われていたが、
このたび直径100mの膜に覆われた全天候型のアリーナに変貌を遂げた。
同時に、名称も1950年代に大活躍した地元のテニス選手の名、
「ケン・ローズウォール」を冠し、より親近感のあるレガシーとなった。
設計プロセスやデジタル技術との連携によって、
設計開始からわずか12カ月以内の短期間で改修を実現させた
本アリーナについて解説する。

1

2

3

4

5

Photo_1	改修後の「ケン・ローズウォール・アリーナ」外観（写真：Marting Mischkulnig）	
Photo_2	改修後の外観。2020年に撮影（写真：Arup）	
Photo_3	竣工当時の「ケン・ローズウォール・アリーナ」。00年に撮影。当時の名称は「シドニー・インターナショナル・テニス・センター」（写真：Arup）	
Photo_4	改修中のアリーナ内観（写真：Arup）	
Photo_5	アリーナ外周部。屋根外周部の下端を油圧ジャッキに接続している。改修後、ジャッキは取り除く（写真：Arup）	

「ケン・ローズウォール・アリーナ」の改修プロジェクトが始動したのは2018年である。プロジェクトチームは、スタジアムが位置するオーストラリアのニューサウスウェールズ州行政から、20年に開催する男子テニスツアーのATPカップに間に合うように、センターコートを完全に覆う新しい屋根へと改修する依頼を受けた。国際的なテニスイベントを開催するに当たり、天候に左右されない競技場が必要となったからだ。

Photo _ 1

プロジェクトチームは開閉可能屋根やドーム形屋根、ロングスパントラス屋根など数多くの案を検討した。既存構造物への影響を最小限に抑えられる点や、建設期間を縮められてローコストであるといった点を考慮した結果、透光性に優れるPTFE（四フッ化エチレン樹脂）膜を張った軽量なケーブル構造の屋根を採用した。| Fig. 6, 7 |

Photo _ 2, 3

Fig. 6 改修後を表すレンダリング（資料：Arup）

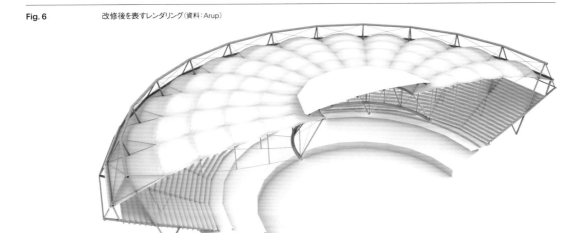

Fig. 7 改修前を表すレンダリング（資料：Arup）

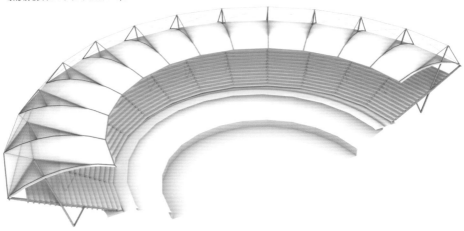

改修には様々な壁が立ちはだかった。敷地は土壌汚染が懸念されていた。加えて、設計開始から12カ月以内に改修を完了させる時間的な制約もあったため、新たに基礎を追加しない方針とした。基礎の設計から施工、修復などの作業を考えるとスケジュール上、既存の基礎へ手を付けることは不可能だったためである。

また、リードタイムが長くかかるケーブルとPTFE膜は、初期検討の段階で発注する

必要があった。本来であれば詳細な検討を行った後にケーブルの断面を確定させるが、それでは工期が間に合わない。ケーブルの断面を制約条件とみなして詳細設計を進めることで、この問題を解消した。

ボウルを "だましつつ" 屋根を架け替え

●

既存のボウル（アリーナ客席部）の構造および基礎躯体を再利用するためには、新設する屋根からボウルに伝達する力を、既存屋根と同等またはそれ以下にする必要があった。また、撤去時ならび設置時に力のバランスが不均等になることも避けねばならない。いい換えれば、いかにして既存のボウルに "気付かれぬ" ように屋根を架け替えるか、ということである。

　　そもそもボウルはチャレンジングな軸力系の構造をしていた。構造躯体の完成時に完全な構造体としているため、一部の部材を取り除くと不釣り合いなバランスとなる。既存屋根を取り除くには施工当時のステップを逆順で追う必要があった。"単なる撤去" ではなく、"時計の針を戻した" のだ。

　　屋根を架け替える作業の一環として、ボウルの外周部に油圧ジャッキを配置し、施工段階に応じてジャッキの軸力を変動させた。ボウル躯体に生じる力は既存の屋根がもともと存在していた時と変わらないよう、常に一定になるように制御した。文字通りボウルを "だます" 施工方法と構造である。

　　新設する屋根構造は、自転車の車輪によく似た「リング構造」のシステムを採用した。外周部のリングと中央のリングをケーブルでつなぎ適切な張力を導入することで、お互いが引っ張り合い水平方向の力は完結する。「自己釣合型」構造のため、屋根が外側に広がろうとする余分な力は発生しない。

デジタル技術が可能にした設計期間の短縮化

●

デジタル技術が至るところで横断的に用いられたのも、このプロジェクトの特徴だ。既存躯体と設計図の照合・調査作業から、設計・製造プロセスまで、デザイナーやエンジニア、メーカーの間で一貫してデジタルデータを共有するワークフローを構築した。

　　具体的には、屋根形状をForm Finding（形態解析）した後に構造解析およびステージ解析（施工段階による力の変化の確認）、接合部の設計をし、これをBIMソフトのTekla Structure（テクラ）に読み込ませてBIMモデルとすることで、鉄骨架構の詳細図を作成するといった流れである。この間、従来の2次元データによる図面は使用されることはなかった。

　　アラップの構造チームはデジタルツールを使用し、初期段階で発注したケーブルの断面を前提条件として、その後3カ月以内に構造部材の断面検討を終えた。デジタルツールとは例えば、Rhinoceros（ライノセラス）やGrasshopper（グラスホッパー）、Geometry Gym（ジオメトリージム）、GSAだ。デジタル技術を活用したおかげで接合部の詳細設計など、デザイナーとの調整に最大限の時間を費やすことができた。｜Fig.8, 9｜

Fig. 8   デジタルワークフローの概要。ジオメトリーを作成するステップから、構造を検討するソフト、音響効果を検討するソフト、鉄骨製作図を検討するソフト間でデータを受け渡す(資料:Arup)

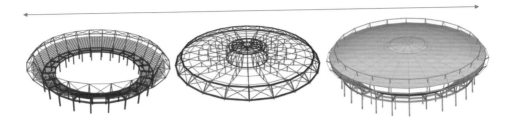

Fig. 9   ケーブル接合部の解析詳細モデル(資料:Arup)

　　国際連合が提唱するSDGs(持続可能な開発目標)にのっとった持続的な施設維持や運用が求められる時代において、建物の長寿命化は重要な命題である。また、スポーツチームの顔でもある競技場を長く使い続けられることは、チームのファンにとってもうれしいことである。このような社会的状況やステークホルダーによって異なる要求事項などから、競技場の改修案件はトレンドになりつつある。

　　五輪が開催された東京では多くの競技施設が建設されたが、熱狂が去った後でも地域経済の起爆剤として末永く活用されることを期待したい。

●

[小林隼也、構造エンジニア、デジタルインテグレーター/構造/
執筆協力:Andrew Johnson, Xavier Nuttall, Hannah Lazenby、アラップシドニー事務所]

ケン・ローズウォール・アリーナ

所在地	オーストラリア、ニューサウスウェールズ州
発注	Tennis NSW
意匠設計	Cox Architecture, Fabritecture
構造設計、設備設計、土木設計、火災安全設計、ライティングデザイン、音響設計	Arup
総事業費	5050万豪ドル
改修後オープン日	2020年1月1日

日本建築家との協働

PART

3

海外進出もサポート

国内の設計事務所が海外で仕事をする際に、設計プロセスだけでなく、
現地の情報を伝えるなど総合的なサポートをアラップが行うことがある。
世界的ネットワークと実績を持つ企業ならではの強みだ。
PART 3では同社が携わり、隈研吾氏が英国で、
坂茂氏が台湾で手掛けたプロジェクトを伝える。

THEME	JAPANESE ARCHITECT	日本人建築家
ARCHITECT	KENGO KUMA AND ASSOCIATES	隈研吾建築都市設計事務所
PROJECT	V&A DUNDEE	V&Aダンディー
PLACE	UNITED KINGDOM	英国
YEAR	2018	完成年

"崖"への挑戦、スコットランド初のデザイン美術館「V&Aダンディー」

2018年春に東京ステーションギャラリーで隈研吾氏の展覧会が開かれた。
その会場には、「V&Aダンディー美術館」の外壁に使われた
プレキャストコンクリート（PCa）のピースが展示されていた。
想像していたより大きくて、重い。
設置するのが大変そう。そんなことを感じたのを思い出す。
しかし、実際にそれらのピースが設置された場所は
想像をはるかに超える過酷な環境であった。
見るだけ、訪れるだけでは分からないストーリーがあり、だから建築は面白い。
本書のテーマを地でいくような舞台ウラの紹介だ。

Photo _ 1   ライトアップされた全景 (写真：Ross Fraser McLean)
Photo _ 2   複雑な形状の外壁 (写真：Ross Fraser McLean)

3

4

5

Photo _ 3　　コアから張り出す外壁（写真：Ross Fraser McLean）
Photo _ 4　　テイ川にさらされる外壁（写真：Hufton+Crow）
Photo _ 5　　プレキャストコンクリートのピース（写真：Ross Fraser McLean）

エディンバラから北へ電車で1時間。英国・スコットランドの中央部、北海に流れ込むテイ川に面するダンディーは、エディンバラ、グラスゴー、アバディーンに次ぐスコットランド第4の都市である。

　2010年にスコットランドで初となるデザイン・ミュージアムのための国際コンペが開かれ、アラップは隈研吾氏と共に参加した。敷地はテイ川のほとり、かのロバート・スコットが南極探検に使った調査船ディスカバリー号が停泊する港のすぐ横であった。

　「テイ川に張り出して建てる」というコンペの要項に、隈研吾氏はスコットランドの"崖"をオマージュとしたデザインで応えた。街の軸線とディスカバリー号の軸線に合わせて2つのボリュームがねじれながら絡み合い、川に向かって張り出すという、とびきり複雑な形状の"崖"で。

　ここからアラップのエンジニアリングの挑戦が始まった。

One for All, All for One

●

最も明白で最も難解な課題は、ねじれながら張り出す外壁の構造設計であった。最大19.5mも張り出し、傾斜も大きな外壁は、単体では自立させることすら困難なため、建物全体で外壁を支持する構造計画が必要であった。

　建物内に配置された2つのコアから外壁に向かって延びる鉄骨トラスや鉄筋コンクリート(RC)の壁梁は、通常の建物のように床を支えているだけではなく、外壁をコアにつなぎ留める引張材の役割も果たしている。その床も、ただ漫然と梁に載っているのではなく、外壁のねじれを止め、形状を安定させるのに寄与している。まさにOne for All, All for Oneの構造なのである。

Photo _ 3

テイ川との闘い

●

テイ川に面して建てるという立地条件も大きな難関であった。敷地があるテイ川河口付近は水分中の塩分濃度が高い。しかも、テイ川は英国の中でも最も流れの速い川の1つで、川に面して立つ建物は基礎部やファサード面に波の影響を大きく受ける。アラップは構造やファサード、音響、ライティング、火災安全に加えて、地質工学、土木工学、海洋工学のエンジニアリングも担当し、テイ川の影響を徹底的に検証した。

　塩分濃度の高い水は塩害を生む。この対策としてアラップは、微細なシリカパウダーを混ぜ込んだ特別配合のコンクリートを使用してコンクリート密度を高めたうえで、CPF(controlled permeability formwork)と呼ばれる熱可塑性樹脂を用いた型枠を用いることで表面の耐久性を高めた。波が直接かかる範囲にはステンレスの鉄筋も採用している。

　テイ川の脅威は塩害だけではない。200年に1度の嵐の日には、波は3mの高さに達すると予測される。その場合、1階レベルはこの波の荷重をもろに受ける。1階の外壁面やガラス面はこの波荷重に対しても安全なように設計がなされている。

Photo _ 4

"崖"づくり

●

この建物の決め手は外観の"崖感"である。計画当初は構造体自体をこのジグザグした形に打設する計画であったが、複雑な形状を少しずつ打設していく計画は、外壁の耐候性や耐久性の面でデメリットが大きかった。そこで、外壁はできる限り大きな面積を一度に打設し、"崖"は外壁の構造体とは独立したPCaのピースでつくることにした。

　　PCaのピースで"崖感"を生み出すには、その配置と適度なランダムさが非常に重要になる。しかも、ピースを支持するブラケットは外壁のコンクリートを打設する前に設置するため、その位置を正確に再現できるようにする必要があった。

　　そこでアラップは3次元(3D)モデルを使ったパラメトリック・スタディーを行い、意匠設計者のイメージする"崖"ができるまでピースの配置や部材形状のスタディーを繰り返した。ブラケット形状や位置まで正確に表現した3Dデータのおかげで、1個ずつの最大長さが4m、重量が2トンあるピースを2400個以上、現場で寸分の狂いなく組み立て、見事にスコットランドの"崖"を生み出した。

Photo _ 5

3D の 仮 想 建 物 を 歩 き 回 る

●

その昔、まだコンピューターもなく手で図面を描いていた時代には、立体を3Dのまま表現して他者に伝える術は乏しく、その解決策として2Dで表現する方法が用いられた。しかし次元を落とした表現方法は、時として必要な情報を失う。ことさら3次元的に非常に複雑な形状を持つこのような建物では、2Dでは伝えきれない情報がたくさんある。

　　そこでアラップは設計当初からBIM(ビルディング・インフォメーション・モデリング)モデルを作成し、外壁のジオメトリー(幾何学的な配置・形状)確認から設備スペースの確認、構造部材と設備配管の干渉チェックに至るまで、全てを3Dモデルで行った。全体で機能する構造や精緻に配置された外壁のPCaのピースも、3Dモデルだからこそ正確に把握できたといえる。|Fig. 6|

　　また、3Dモデルは発注者や建築設計者、施工者とのコミュニケーションを円滑にするのにも役立った。作成した3DモデルをベースにVR(仮想現実)技術を導入することで、設計段階から建物の内部を歩き回り、仕上げやコンセントの位置に至るまでの細かい調整が可能となった。

　　施工段階では3Dプリンターを使って30cm大の外壁模型を作製し、施工者と模型を手にしながら型枠の分割や窓の配置の検証を行った。それにより、2Dの図面を見ているだけでは伝えきれない情報を伝達できるようになった。

新 た な ラ ン ド マ ー ク へ

●

意匠設計者の素晴らしいビジョンとアラップの多岐にわたるエンジニアリング、そして最先端の技術が融合したことで実現した美術館、V&Aダンディー。2019年には複数の

Fig. 6   BIMモデル（資料：Arup）

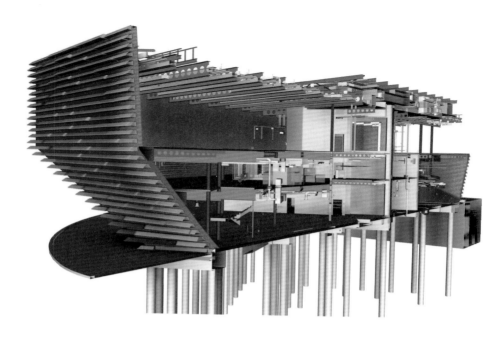

建築賞を受賞した。開館以来7500人以上の方がメンバーシップ登録をされているという（執筆時の19年時点）。

　これからもこの美術館がダンディーの、そしてスコットランドのランドマークとして、人々に愛され続けることを願う。

●

［富岡良太、シニア構造エンジニア、デジタルインテグレーター／構造］

V&Aダンディー

所在地	英国、ダンディー
発注	V&A
意匠設計	隈研吾建築都市設計事務所
施工	BAM Construct UK Ltd
構造設計、 ファサードエンジニアリング、 音響、ライティングデザイン、 火災安全設計、土木設計、 海洋エンジニアリング、 地質エンジニアリング	Arup
オープン日	2018年9月15日

THEME	JAPANESE ARCHITECT	日本人建築家
ARCHITECT	SHIGERU BAN ARCHITECTS	坂茂建築設計
PROJECT	TAINAN ART MUSEUM	台南市美術館
PLACE	TAIWAN	台湾
YEAR	2019	オープン年

日本と台湾の エンジニアリング基準の 違いに挑んだ 台南市美術館

日本の意匠設計者が海外でも活躍するようになって久しいが、
実際に海外プロジェクトを経験したことがあるのは、
まだ少数派なのではないだろうか。
台湾の南、台南市に立つ「台南市美術館・当代館(2館)」は、坂茂氏の設計だ。
凹凸が多く、見るからに複雑な構成をした建物である。
海外プロジェクトを多く抱える坂氏の傍らで、
日本人のエンジニアはどんなチャレンジをしていたのか?
言語や法律の違い、過酷な環境や難しい敷地条件など、
プロジェクトには特有の課題があり、
それらに対して解決のプロセスを踏む必要がある。
竣工した建物を見るだけでは伝えきれない、
隠れた物語を構造エンジニアから引き出した。
海外プロジェクトを追体験していただきたい。

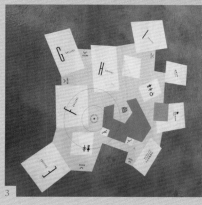

Photo _ 1　　台南市美術館・当代館（2館）全景。大小様々な大きさのボックス（展示室）が複雑に積み重なっている様子が分かる（写真：Arup）
Photo _ 2　　台南市は亜熱帯気候に属し、最も寒い1月でも平均気温は17℃程度だ。5月～9月ごろの雨期は雨や曇天が多く、10月～4月ごろが乾期だ（写真：Arup）
Photo _ 3　　美術館内の案内図。複雑な部屋構成だが、五角形の全体像を感じる。芸術を楽しみ、建物内外のつながりを感じながら歩けそうだ（写真：Arup）
Photo _ 4　　地下マットスラブの補強の様子（写真：Arup）

Photo _ 5   空調システムは、展示空間の空気質を厳密に制御するように設計しており、
             全ての空気処理装置は展示空間に併設した機械室に納めている（写真：Arup）

Photo _ 6   美術館エントランス側から見た夕景（写真：Arup）

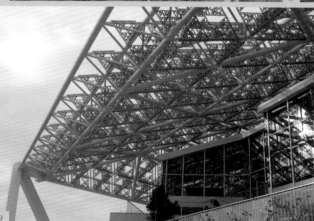

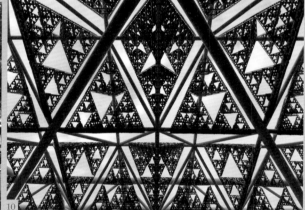

Photo _ 7	非露出コアの建て方風景（写真：Arup）
Photo _ 8	屋根の環境性能を検証するために、設計の初期段階で、太陽光、日射、風の流れなど、様々なパラメーターを用いてシミュレーションを行った。屋根によって日射量の80％を遮蔽している（写真：Arup）
Photo _ 9	1辺48mの五角形の大屋根。構造フレームと非構造フレームが混在している（写真：Arup）
Photo _ 10	屋根のフラクタル的な構成がよく分かる（写真：Arup）

Photo _ 1

Photo _ 2, 3

Photo _ 4-7

2019年1月、台湾・台南市に「台南市美術館・当代館（2館）」が正式にオープンした。この美術館は、近現代館と当代館の2棟から構成されており、台湾初の行政法人が運営している。科学研究や台湾で唯一の絵画修復を手掛ける美術館である。

　敷地は台南市の街の中心で、商業施設や文化施設が集まる地区である。当代館はそれらの施設利用者のための地下駐車場の上部、要するに既存の駐車場を補強して上部構造である美術館を建てる、というプロジェクトである。この駐車場には戦前、台南神社が建てられていた。

　当代館の意匠設計者は坂茂氏と台湾の建築家・石昭永氏である。坂氏によれば、敷地を見学して、周辺に市民の憩いの場となるような公園がないことが気になったそうだ。美術館を楽しむ行為と公園のアクティビティーを分離せず、両方の機能を一体化させた。美術館から自由に公園へ出られるほか、公園に来た人がいつの間にか美術館に入り、楽しめるようなビルディングタイプを考えた。そして、大小様々なギャラリーを積み木のように重ね、それらがずれた屋根上を公園として連続させ、個々のギャラリーの隙間から出入りできるようにしたとのこと。

　また、建物を四角くすると正面性や方向性が強くなり過ぎるという理由で、台南市の街のシンボルである鳳凰花をイメージして、大きな五角形のフレームをつくり、その内外に展示室となるボックスを納めた。

経 済 的 な 架 構 計 画 を 模 索

●

既存駐車場の上に増築することをテーマに掲げ、設計チームは当初から地上の増築部分には軽量な鉄骨（S）造を提案してきた。ギャラリーやロビー空間に快適な空間をつくり出すために、1辺を48mとする五角形のフラクタルルーフを提案。構造は鉄骨の立体トラスフレームとした。

　当然、既存駐車場は、上部に増築されるということを想定していないので、地下の既存鉄筋コンクリート（RC）造と上部S造の間に、1.5mのRC補強ゾーン、いわゆる補強RCトランスファービームを設け、ここで新築と既存のグリッドの調整を行った。

　地上5階建ての当代館は、大小様々なボックス（展示室）が積層しながらずれていく計画だ。しかし、全くのランダムな積層では、構造計画として経済的ではなくなってしまうことから、建物のイメージを変えることなく経済的な架構計画とする方法を模索した。

　結果として、建物に2つの構造計画を入れ込むこととなった。

　1つは耐震コア。ランダムなボックスを耐震要素とすると、どうしても水平力の移送が多く発生し、メカニズムが明快ではない。そこで、既存の地下駐車場を一部解体して、鉄骨鉄筋コンクリート（SRC）造のコアを入れ、それを地上5階まで伸ばすという計画だ。

　ただし、配置可能なコアは限定されており、アンボンドブレースを配した1辺8m程度のコアを4カ所、中央には五角形平面のペンタゴンコアを配置した。

　2つ目は貫通柱の配置。特に軸力の大きい2階では柱が不連続となるのを避ける計画とし、他の各階においても柱が極力連続するように意匠設計側に求めた。

違いを引き出すコラボレーション

●

台湾と日本の構造設計や現場監理の違いや苦労は様々な形で現れる。

このプロジェクトの施工者は台湾China Steelで、鉄骨ファブリケーターであるため非常に難易度の高い鉄骨製作を高度な技術力でサポートしてくれた。耐震性能を確保するため、多くの梁のフランジを現場での完全溶け込み溶接としていたが、そのフランジが大きな段差を生じていた。これは日本では、目違いとして多くの余盛りを求められるレベルであった。

しかし、台湾にはそのような考え方はなく、可能な限り目違いの修正をするものの、厳格な性能管理は行われていなかった。エンジニアたちはまず台湾の施工者に日本での考え方をくみ取ってもらい、目違いの補修を行った。それでも現地で定められていない日本の基準を理解してもらい、それを現場に反映してもらうのは骨の折れるプロセスだ。

台南市は年間を通じて日射が強い。巨大な五角形の屋根は、防水機能はなく、日陰をつくることで下部空間に快適な空間を提供するという機能を担っている。小さな三角形が集まってできる大きな三角形と、それらが構成する三角錐が集合しているフラクタルな形状をとっている。ここには、構造フレームと非構造フレームが混在しており、パイプトラスは構造部材、パイプに取り付けられた亜鉛メッキのプレートフレームは外装材だ。

Photo _ 8-10

屋根を支えるV柱もスレンダーに見えるよう検討を繰り返し、構造トラスのフラクタル的な構成と一体化して見えるような工夫をした。

鉄骨の溶接の話では、日本との違いで品質確保の難しさに触れたが、決してそのような面ばかりではない。海外、特に地震国ではスペクトル解析を採用している。建物の剛性やエネルギー吸収性能を加味した水平力を簡易に求めることが可能となり、リアリティーのある設計ができる。

中小規模の建物では特に精度が高い。台南市美術館・当代館(2館)でも採用しているBRB(座屈拘束ブレース)などは、耐力確保やエネルギー吸収性などの面で、開発国である日本よりも利用メリットを高めており、広く安全に利用されている。こんなところにも日本のガラパゴス化が垣間見える。

お互いの違いからそれぞれの価値を見いだし、新たに適用していくことが、コラボレーションの意義であり面白さだろう。「そのやり方、いいね」と最善のものを選択するしなやかさを持ち続けたい。

●

[菊地雪代、アソシエイト/プログラム＆プロジェクトマネジメント/共同執筆者：伊藤潤一郎、シニア構造エンジニア]

台南市美術館・当代館(2館)

所在地	台湾、台南市西中区
事業主・建築主	台南市政府文化局
延べ面積	2万2596m²
意匠設計	坂茂建築設計、石昭永建築師事務所
フラクタルユニットアドバイザー	京都大学 酒井 敏
構造設計、建築設備設計	Arup
オープン時期	2019年1月

Arup エンジニアのインタビュー

コラボレーションの先に

1989年にアラップ東京事務所は設立された。

それから30年以上にわたる事業範囲の拡大と共に、

それぞれのチームを牽引_{けん}してきたエンジニアたちがいる。

構造やファサードなど各エンジニアリングの最新動向の他、

キャリアを経て感じる、今後のエンジニアに必要な素質を聞いた。

（いずれも聞き手＝菅原 由依子／日経アーキテクチュア）

[代表]

小栗 新 氏

ダイレクター、
日本における代表者

おぐり あらた｜1966年生まれ。東京大学大学院工学系研究科修士課程修了後、
91年にアラップ東京事務所に入社。以後、東京とロンドンを拠点に活動し、
2015年から日本における代表者に就任、17年から東アジア事業部取締役を兼任
［写真・資料：219ページまで特記以外はArup］

我々の最大の資産は人

—— はじめに、アラップは組織としてどのように運営されているのでしょうか?

経営管理の便宜上、地球を5つの「リージョン」に分けた事業部制としていますが、対外的に意味のあるものではありません。社員(メンバー)たちは所属を意識することなく、プロジェクトごとに地域を超えて協働している状況です。そうした国境を超えた連携が日常であることが当社の強みです。

個々のメンバーはサービスを提供するだけでなく、自ら仕事を獲得する営業担当でもあり、会社のオーナーの一員でもあります。グローバルでの連結決算に基づく利益を全世界のメンバーたちにある比率で分配することで、組織の一体感を強化しています。

—— 世界中に拠点があるアラップの中で、東京事務所はどのような位置づけになるのですか?

アラップは2021年で設立75周年、東京事務所は32年目を迎えました。アジアを眺めると、香港とシンガポールにいち早く進出しましたが、それ以外では東京事務所の設立は比較的早い時期でした。いつの間にか古株です。

東京事務所の所属人数は現在100人程度で、アラップ全体の1万6000人程度の1%未満ですが、我々なりの価値を発揮できていると自負しています。

東京事務所のクライアントは3つにグループ分けできます。①国内案件に関わる日本のクライアント、②海外案件に取り組む日本のクライアント、③日本に進出済み、または対日投資を検討している外資クライアント。このうち②、③のような国境をまたぐクライアントに対して、日本企業の進出先あるいは外資企業の本社があるエリアの事務所の同僚たちと密に連携をとることで、充実したサポートを提供することが我々ならではのミッションです。

最近では20年にアラップ全社の3カ年戦略を定めました。あらゆる活動や価値判断・優先順位付けを、「持続可能な開発の実現」に照らして行うとうたっています。東京事務所としても、この戦略の実施に貢献すべく、同じ目的に共鳴してくれるクライアントに対して質の高い仕事をしていきます。

—— 今後、東京事務所としてはどういった分野に注力していく予定ですか?

東京事務所の設立当初は建築構造設計分野から始めましたが、少しずつ建築の他のエンジニアリングに事業の幅を広げてきました。

将来のサステナビリティーに向けて、ここ4-5年で注力してきたのがインフラ分野の開拓です。鉄道分野では、国策として海外に日本の技術を展開するという大きな方針があり、公共・民間の鉄道事業者も国外市場に目を向けるようになってきました。

またエネルギー分野において業務を展開していきます。とりわけ再生可能エネルギーにおいては、国内の洋上風力発電施設が注力領域となっています。

今まで我々は、建築界の方々に役立つ「縁の下の力持ち」というポジション取りできました。今後は、それとはちょっと違う切り口で、メーカーや商社、政府などをクライアントとするサービスも提供する機会を増やしていきたい。しかもそれを、これまで当社が海外で蓄積してきた経験とスキルを、国内のそれと融合する形で実現したいと考えています。

特に洋上風力では、アジアの中で日本だけでなく、韓国や台湾、ベトナムなどが、先行する欧州での技術的な知見を必要としています。そこで良きアドバイザーとなるよう、当社のアジア現地事務所が欧州事務所と密に連携をとり、受注につなげようとしています。

とはいえ、当社は規模や売り上げの拡大を目的としておらず、クライアントや社会の要求に応えることで、結果として有機的な成長を実現してきました。その中で、昔も今も変わらないのが、我々の最大の資産は人だということ。東京事務所にも私も含めて50代以降のシニア層ができてきました。次世代のメンバーたちにプロフェッショナルとして成長し続ける機会を与えられるよう、プロジェクトのレビューなどを通じてスキルや経験を共有する他、課題の解決に至る近道を教えるなどして、組織全体の学びのスピードを上げていくことも重要と考えています。

［構造］

柴田 育秀 氏

ダイレクター

しばた いくひで｜1962年生まれ。茨城大学工学部建設工学科を卒業後、
類設計室に入社。96年アラップ東京事務所に入社。
2004年から13年まで同社東京事務所の構造部門リーダー、
14年から20年までビルディングエンジニアリングリーダーを務める

一線を超える熱量の先にある協働

—— アラップのビルディングエンジニアリング（BE）チームとはどういう組織でしょうか？

構造と環境設備の技術をインテグレートさせて、より質の高いサービスを提供したい。そのために、今から約8年前に構造チームと環境設備チームを融合させたBEチームを立ち上げました。

それまで構造と環境設備が一緒に仕事をする機会は、全体の2−3割程度だったのですが、BEチームを設立してすぐ6−7割に跳ね上がりました。お互いに知識や経験、スキルを共有し、より良い刺激を与え合うことができます。

現在は、ファサードやライティング、再生可能エネルギー部門を含め、5つの部門で構成されています。プロジェクトによって誰とでも、海外オフィスのエンジニアとでも組めます。ですから、組み合わせは無限。それがとてもユニークなところであり、エンジニアの成長に欠かせないものとなっています。

—— なるほど。また社内に限らず、様々な建築家とのコラボレーションもアラップで仕事をする面白さですよね。

質の高い建築をつくるためにいろんな分野の人が協調し合うことは当たり前。でも、それがうまくできるかは全く別問題です。

例えば僕の代表作に、2001年完成の豊田スタジアムがあります。設計時、黒川紀章さん（1934−2007年）と打ち合わせをしたとき、次々と新しい解決策が生まれる、自分が考えもしなかったところに落としどころを見いだせる、そんな体験をたくさんしました。アイデアがジャンプする瞬間ともいえます。

豊田スタジアムではマストが屋根を貫通しているのですが、当初はマストとキールトラスが接続されていて、とても大きな応力が発生していました。

僕は斜張橋のイメージでマストとキールトラスを提案したので、それらをつなげるべきという先入観から抜け出せず、思いあぐねていました。でも、ある日の打ち合わせで黒川さんが模型のマストを引っこ抜き、屋根に穴をあけて刺したんですね。えーって驚きました。でもその瞬間、屋根に穴を開けて構造的に縁を切った形でマストを立てる案に気付き、一瞬で問題を解決することができました。

設計とは、一つひとつ根拠を持って理由付けしていく行為にほかなりません。建築家との会話を通じてそれを発展させることができます。そういうコラボレーションを実感した最初のプロジェクトでした。

—— コラボレーションに必要なこととは何でしょうか？

1つは建築の目的やビジョンをきちんと共有すること。もう1つは、やはり専門家としての力量でしょう。一人ひとりがいいプレーヤーでないと、いいハーモニーは生まれません。それは極めて重要なことです。エンジニアとしての本質的な力量には、技術に対する豊富な知識や経験などだけでなく、構想力にたけているとか、強い意志、熱意を持っていることなども含まれます。最近は一線を超えようとせず、要望に応えるだけで満足という人が増えたようにも感じます。

建築の質にゴールや限界はありません。建築家には強い熱意を持っている方が多いから、エンジニアもより良いものにしたいという強い意志を持たないと、コラボレーションしても突き抜けることはできません。同じぐらいの熱量を持って協働しないと真の協調は生まれない。いつもそう思っています。

2001年竣工の豊田スタジアム。天然芝フィールドと開閉式屋根を持つ。完成から20年がたち、今も長寿命化改修などで柴田氏が携わっているという
（写真：母倉 知樹）

建築にとって正しいことを貫く

[ファサード]

松延 晋氏

アソシエイトディレクター

まつのぶ すすむ｜1987年、東京理科大学大学院建築学専攻修了後、日本板硝子に入社。日本板硝子D&Gシステムの設立などに携わった後、2005年アラップ東京事務所に入社。ファサード部門のリーダーを務める

—— ファサードエンジニアリングとは、どのような仕事なのでしょうか?

建築家が描く奇抜な(個性的な)形を、構造面で問題がないか、環境面で問題がないか、それは建設可能か、どうやって建てるのか、どんな材料がいいのか……。そうしたことをエンジニアの立場からサポートしています。

おそらく、よほど建築に親しみのある人でないと、一般の人は聞いたことがない仕事でしょう。ひと昔前までは、あえて「窓屋です」という言い方をしたこともありましたが、今や窓と外壁の境目はなくなり、ファサード全般を担当しています。まだ日本でファサードの専門エンジニアが認知されていなかった時代に、私はこれを職業にしてしまったので、本当に何もないところから"耕して"きたと思います。

—— 職種自体がなかった時代があるのですね。ファサードデザインにはどのような変遷があったのでしょうか?

歴史的にファサードエンジニアが脚光を浴びたのは、構造設計者が外装設計でなかなか解けない、テンションワイヤーなどのサブストラクチャー(外装のための二次的構造部材)の分野が台頭してきた時期でした。アラップでいえば、ピーター・ライス(1935-92年)がその代表格といえます。

ただし私がアラップに入社した2000年代にはそうした時代が終わりかけの頃でした。環境配慮型のファサードが増え始めていました。アラップは事務所内に環境設計のエンジニアもいて、日射制御や自然換気などの相談にも乗ってくれる。さらには、ファサードに限らず、建物全体の話もできるので、私にはとても刺激的な職場でした。

—— 今後、ファサードはどう変わっていくと思いますか?

ここ10年のトレンドは大きく4つあります。①サブストラクチャー、②Ecological Sustainable Design(ESD、環境配慮型で持続可能なデザイン)、③マテリアルコンサルティング、④ジオメトリー。④は、ランダムに見える外装でも、そう見えるような法則性をうまくモデリングすることなどをジオメトリックエンジニアリングといいます。

超高層ビル以外でファサードエンジニアリングが求められるのは、ブランドショップの路面店です。最近までは、デザイン最優先で環境性能なんて気にしない依頼が多かったのですが、さすがに最近はSDGsの流れで環境性能が強く求められるようになりました。

既に、温熱環境と建物使用時に消費されるエネルギーについては多くの建築家が配慮しています。

しかし、材料の製造時に排出した二酸化炭素ガス(CO_2)を削減することや、その素材の再利用といったような総合的な検討はまだ少なく、我々はそこまで考えて材料や外装システムを提案しようと思っています。

すると、そんなもの使いたくないと建築家やクライアントから反対されることもあります。

この先、温暖化ガス排出に大きな制約が出ることを想定すると、今何を優先すべきかを説き、一歩先を見据え、その建築と社会にとって正しいと思うことを伝えなくてはなりません。我々は半分笑顔、でも真剣に、ときには汚れ役を引き受けることもいとわない覚悟が必要なのです。

構造とファサードが融合した好例に、大日本印刷市谷工場整備計画の一部に当たる「I Project Skylight(アイ プロジェクト スカイライト)」がある。アクリル製のプリズムルーバーを構造の格子内に十字に取り付け、光を下階へ送る仕掛けとした。ファサードでは、そのトップライトの形や構造をいかにシンプルにするかを担った

[構造]

城所 竜太 氏

アソシエイトディレクター、
ビルディングエンジニアリング
チームリーダー

きどころ りょうた｜1998年米国Cornell University Civil Engineeringを卒業後、
米Thornton Tomasetti Engineersに入社。2000年アラップ東京事務所に入社。
13年から同社東京事務所の構造部門リーダー、
21年からビルディングエンジニアリングチームリーダーを務める

未来に責任あるエンジニアリングを

—— ビルディングエンジニアリングチームのリーダーとして、どのような分野に注目されていますか?

構造も環境設備もファサードもライティングも総括している立場なので、私自身が手を動かすというよりは、デジタルやサステナブルの意識を高めていこうなど、方針を皆にプッシュしているところです。

建築家の仕事や作品を間近で見ていると、やはり人々に感動を与える重要な職業だと思いますし、それをぜひサポートしたいなと感じます。設計の過程で建築家とキャッチボールしているときの私は、端から見ても、たぶん一番生き生きとしているかもしれません。ただし、建築家の仕事や建築の役割を広い視点で考えていくと、隣人への配慮、さらには未来の世代のためにどう役立つのかという発想に最終的に行き着くんです。建築がもたらす感動も大事ですが、やはり環境に配慮し、未来に責任あるエンジニアリングが強く求められるようになってきたと思います。

もともとエンジニアリングとは、常に効率化を目指し、最小限のマテリアルと最小限のエネルギーで建築を機能させ、快適にすることを実現してきた分野です。だから二酸化炭素（CO_2）削減などに目標が至るのも、ごく自然な流れなんですよね。

—— 城所さんのプロフィル（223ページ参照）から、建築家の三分一博志さんや、坂茂さんとの協働が多いように見受けられました。

はい、三分一さんとは20年近くのお付き合いになり

ます。2016年に完成した「おりづるタワー」（広島市）は、1978年に建てられた旧耐震のビルを、広島マツダさんが事業主となって環境配慮型の改修に取り組んだ、ユニークなプロジェクトです。復興のシンボルとなることをコンセプトに掲げ、建物の「活性化」と「耐震補強」の両方を目指すものでした。

"環境配慮型の改修"というと難しい響きですが、三分一さんは少し変わった発想をしたんです。敷地の近くを川が流れているので、川沿いの風を積極的に利用し、従来は閉じることの多いオフィスビルをあえて開くように改修しました。我々はどこを開ければどれぐらい風が流れるのか解析を行い、それを見ながら計画を一緒に考えていきました。

私が一番気に入っているのはバルコニーですね。耐震補強をするため、建物の正面に巨大な門形フレームを新たに設置したのですが、それによってオフィスにバルコニーを追加でき、気持ちのいい空間ができました。

—— エンジニアから先進的な提案を出しても、建築家の中には、自身のデザインにこだわる方も少なくないと思います。納得させるのは容易でないように想像します。

それは建築家にも、建物にも、クライアントにも、タイミングにもよります。エンジニアが本当に遠慮なく建築家と組み合える関係性を築くには、建物のビジョンにどう賛同できるかが重要です。エンジニアの目的は、それらのビジョンの力添えになることです。結果的に人々に感動を与えられる快適な空間が残るならば、それが一番の幸せだと思いますね。

広島市で2016年に完成した「おりづるタワー」。1978年に建てられたビルを改修したプロジェクト。左が改修工事中で、右が改修後
（写真：右は生田 将人）

佐々木 仁氏

アソシエイト、洋上風力リーダー

ささき ひとし｜早稲田大学理工学部建築学科卒業後、1993年アラップ東京事務所に入社。93年から同社ロンドン事務所、97年から同社東京事務所に勤務。2002年以降は東京事務所でファサード部門の立ち上げを担う。17年以降は、アラップの欧州洋上風力市場での実績を導入し、洋上風力リーダーとしてアラップUKおよび香港事務所のEnergy & Maritimeチームとともに国内の洋上風力プロジェクトに携わる

「べからず集」のない強み

—— アラップが近年注力している再生可能エネルギー分野は、実際にどのような仕事なのでしょうか?

いずれ蓄電や水素関連も視野に入れると思いますが、現時点では洋上風力発電所の建設のサポートに注力しています。洋上基礎の設計は従来のオイル・ガス掘削施設の延長にあるので、社内の経験値が活用できています(詳しくは96ページ)。専属部隊があるというよりは、ロンドンや香港など各エリアで得意分野を持つ人たちがいて、その人的ネットワークによる緩やかな連携で仕事を融通、サポートし合っている状況です。

—— 先進的な分野に取り組むには、硬直しない組織であることが重要と思います。アラップはなぜ柔軟に動けるのだと思いますか。

なんでしょうね。リスク管理のための「チェックリスト」はあっても、「べからず集」がないことではないでしょうか。私はアラップに28年ほど所属していますが、新しいことに踏み出すとき、「それはだめだ」と止められた記憶がありません。もちろん会議を通じてOKが下りないこともありますが、事情を話し合えば納得できます。

ただし逆を言うと、「これならOK集」もないんですよ。「あなたはどう考えるんですか」ということを突き付けられる。それがアラップの企業カルチャーなのだと思います。

風が強く吹くことで、波も高いが多くの発電が可能

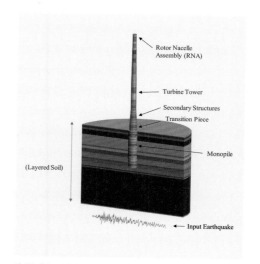

欧米に続き、アジアでも市場が拡大しつつある洋上風力発電。基礎設計・建設には北海油田などの知見が生きる

— 日経BPのサイト、ケンプラッツ(現・日経クロステック)上で、「アラップ・トータルデザインの舞台ウラ」というタイトルのコラムが始まったのは2012年11月。実はこのコラムとなる前には、ニュース記事としてアラップのプロジェクト情報を投稿していた期間が1年ほどあるので、合算して丸10年、約100の海外プロジェクトを紹介してきた。

— 「トータルデザイン」とは、"製品や施設などを一貫した世界観でデザインして統一感など目指す"、という意味で最近は一般的に使われるようだ。一方、アラップでは、創業者のオーヴ・アラップが1970年に行った彼のスピーチの中で、「トータルアーキテクチャー」と発言したものが、時代とともに「トータルデザイン」に置き換わっていった背景がある。よって、この言葉に対して、我々は一般の定義以上の思い入れがある。

— ではオーヴの言う「トータルデザイン」とは、どういうことか?

— オーヴは、「生きるためにどうせ働かなければならないのなら、仕事自体を面白いもの、有意義なものにすべき」と考えていた。

— ここまでは共感する人も多いのではないか。問題はその先だ。「では、どうやって?」

— オーヴの答えは、「限りなき質の追求に邁進し、決して二流の結果に甘んじないこと。」この"質"の追求こそが、すなわち「面白い仕事」なのだ、と。(52ページ「ダラムの歩行橋」参照)

— さらにオーヴは、幸福についても、「他者との関係性の中に自分が存在していることを理解すること。孤独の中に本当の幸せはない」としていた。「仕事の幸せを求める上で大切なことは、それが"全員のためのもの"であること。全員が仕事の目的を認識し、協力し合うこと。仕事を任せてくれたクライアントのニーズを考え、社会のために意義のある仕事をすること。自学による人間力の研磨。それらは、我々がその仕事に対し"誠実"であることを意味します」

— 我々が、ときにしつこいほどにこだわりを持つのは、「面白い仕事と幸福」を求める、ごくありふれた欲望を満たすためなのだ。

— さて、デザインという言葉も、表層的に何かを視覚化するだとか、色や形を与えるというような狭義の「デザイン」から、思考自体やそのプロセス全体をデザインと呼ぶような広義で使われることもある。

— 結局デザインとは、建築、建築以外にかかわらず、そのプロセスやコミュニケーションをも含み、志を共にする他者との協力、"質の追求"をする上での欠かせない手段だ。そして、自分の生に煌めきや肯定感を与えたいと願う我々が、チャレンジし、1つずつ蓄積していくもの、「面白い仕事と幸福」が広く行き渡ること、それが「トータルデザイン」なのだと理解している。

— この10年で、我々を取り巻く状況も変化した。当時聞き慣れなかったパラメトリック・デザイン、AI(人工知能)などは一般的になり、気候温暖化は人間が原因だと結論付けられた。先進国の多くで、二酸化炭素排出量の1/3は建設とその運用によるといわれている中、これから我々は何のために、何を建てるのか?AIではなく、我々自身が判断しなければならないことは何なのか?

— シンギュラリティ(技術的特異点)を迎えたとき、我々に課せられるのは、複数の選択肢から最適なものを選び取ること、そのための判断基準を持つことだ。だとしたら、人間に求められるのは、審美眼、価値観の共有、倫理観やヒューマニティー的な観点であり、西洋の為政者が古くから哲学や歴史、芸術や文学を学んできたこととの共通点が見いだせる。

— 我々が「トータルデザイン」によって得る結果も、そのプロセスも、もしかしたらまったくの自慰かもしれない。だが、先の見えないVUCA(ブーカ)世界においても残り続ける価値を探す姿がこの本編を通して少しでも伝わるとうれしい。たとえ技術が古くなっても、その姿勢はいつの時代でも新鮮なものであるよう、自戒を込めて。

— 菊地 雪代、アソシエイト/プログラム&プロジェクトマネジメント

話者・執筆者・編集者プロフィル一覧

PART 1 ［五十音順］
鼎談

荻原廣高｜おぎはら ひろたか
［アソシエイト／環境設備、神戸芸術工科大学准教授］

1974年生まれ。98年に神戸大学工学部建設学科を卒業。1998−2008年、NTTファシリティーズを経て、08年アラップ東京事務所に入社。15年から同社ロンドン事務所、17年から同社東京事務所に勤務。「大分県立美術館」(大分市)、「みんなの森 ぎふメディアコスモス」(岐阜市)、「太田市美術館・図書館」(群馬県太田市)、「松原市民松原図書館」(大阪府松原市)などの環境計画や設備設計を担当。19年から神戸芸術工科大学准教授、および東京芸術大学と芝浦工業大学で非常勤講師を務める。設備設計一級建築士。

金田充弘｜かなだ みつひろ
［ディレクター／構造、東京芸術大学准教授］

1970年生まれ。94年に米国カリフォルニア大学バークレー校環境デザイン学部建築学科を卒業。96年に同大学大学院土木環境工学科構造工学科修士課程を修了。同年、アラップ東京事務所に入社。97年から同社ロンドン事務所、99年から東京事務所に勤務。「メゾンエルメス」(東京都中央区)、「みんなの森 ぎふメディアコスモス」、「台中国家歌劇院」(台湾)などの構造設計を担当。2002年に第12回松井源吾賞受賞。07年から東京芸術大学美術学部建築科准教授を務める。

PART 2, 3 ［五十音順］
プロジェクト

井元純子｜いのもと じゅんこ
［アソシエイト、ライティングリーダー／ライティング］

横浜国立大学卒業後、前職を経て、ロンドン大学大学院(バートレット校)修了。2007年アラップロンドン事務所に入社。11−17年、同社上海事務所のライティングリーダーを務め、15年から同社東京事務所に勤務。国内外に幅広いライティングデザインの実績を持ち、建築照明や昼光照明に加え、都市計画照明、スポーツ照明などのデザインおよびコンサルティング業務に携わる。

大江晴天｜おおえ はるたか
［環境設備エンジニア／環境設備］

東京理科大学大学院工学研究科機械工学専攻を修了後、2017年アラップ東京事務所に入社。商業施設や公共施設、オフィス、フィットアウトなど様々な案件の設備設計に携わる。「STARBUCKS RESERVE ROASTERY TOKYO」(東京都目黒区)、「松原市民松原図書館」などのプロジェクトに携わる。建築設備士。

菊地雪代｜きくち ゆきよ
［アソシエイト／プログラム＆プロジェクトマネジメント］

東京都立大学大学院工学研究科建築学専攻修了

後、設計事務所を経て、2005年アラップ東京事務所に入社。アラップ海外事務所の特殊なスキルを国内へ導入するコンサルティングや、日本企業の海外進出、外資系企業の日本国内プロジェクトを担当。一級建築士、宅地建物取引士、PMP。

小林隼也｜こばやし じゅんや
［構造エンジニア、デジタルインテグレーター／構造］

東京工業大学大学院を修了後、2017年アラップ東京事務所に入社。構造設計、デジタルコンサルティングサービスに従事。「KIDS DOME SORAI」(山形県鶴岡市)、「豊田スタジアム屋根等延命化工事」(愛知県豊田市)、「平川市新本庁舎」(青森県平川市、22年完成予定)などのプロジェクトに携わる。

髙松謙伍｜たかまつ けんご
［シニア構造エンジニア／構造］

2009年アラップ東京事務所に入社。16年からアラップシドニー事務所に勤務。「BMW Guggenheim Lab」(米国・ニューヨーク、ドイツ・ベルリン)、ミラノサローネ Panasonic "Photosynthesis"(イタリア・ミラノ)、「みんなの森 ぎふメディアコスモス」、マッコーリー大学「インキュベーター」(オーストラリア・シドニー)、シドニーオペラハウス大改修(オーストラリア・シドニー)、マッコーリー大学「クリニカル・エデュケーション・ビルディング」(オーストラリア・シドニー)などのプロジェクトに携わる。一級建築士。オーストラリア公認建築技術士。

竹内翼｜たけうち つばさ
［構造エンジニア／構造］

慶応義塾大学大学院を修了後、2015年アラップ東京事務所に入社。国内外のクライアントを問わず、商業施設や美術館、データセンターなど、様々な建物の構造設計に携わる。「COMICO ART MUSEUM YUFUIN」(大分県由布市)、「SHONAI HOTEL SUIDEN TERRASSE」(山形県鶴岡市)、「KIDS DOME SORAI」、「STARBUCKS RESERVE ROASTERY TOKYO」などのプロジェクトを担当。一級建築士。

富岡良太｜とみおか りょうた
［シニア構造エンジニア、デジタルインテグレーター／構造］

京都大学工学研究科建築学専攻修了後、2010年アラップ東京事務所に入社。15年から2年間アラップロサンゼルス事務所に勤務後、17年4月から東京事務所に勤務。日本・米国を含めた様々な国のプロジェクトで構造設計に携わる。構造設計一級建築士。

松岡舞｜まつおか まい
［構造エンジニア／シビルアンドストラクチャーエンジニアリング］

首都大学東京大学院(現・東京都立大学)を修了後、2016年アラップ東京事務所に入社。18年からアラップバンコク事務所に所属し、22年からアラップコペンハーゲン事務所に勤務。宿泊施設、商業施設、事務所ビルなどの建築の構造設計や鉄道駅舎、橋梁などの土木構造物の設計に携わる。「SHONAI HOTEL SUIDEN TERRASSE」、「ヤオコー本社ビル」(埼玉県川越市)、「Bangkok MRT Orange

Line East Section」(タイ・バンコク、22年竣工予定)などのプロジェクトを担当。

山口真矢子｜やまぐち まやこ
［プロジェクト・マネージャー／プログラム＆プロジェクトマネジメント］

2014年京都大学大学院を修了後、鉄道会社に建築職として入社。19年アラップ東京事務所に入社。建築工事・改修プロジェクトのマネジメント、建築と洋上風力発電に関わるコンサルティングなどに携わる。

PART 4 ［掲載順］
Arupエンジニアのインタビュー

小栗新｜おぐり あらた
［ディレクター、日本における代表者］

1966年生まれ。東京大学工学部建築学科卒業、東京大学大学院工学系研究科修士課程修了後、91年に最初の日本人エンジニアの1人としてアラップ東京事務所に入社。以後、東京とロンドンを拠点に活動し、2015年から日本における代表者に就任、17年から東アジア事業部取締役を兼任。「チャンネル4本社」(英国・ロンドン)、「なにわの海の時空館」(大阪市)、「国立劇場おきなわ」(沖縄県浦添市)、「ヒースロー空港第5ターミナル」(英国・ロンドン)などのプロジェクトに携わる。

柴田育秀｜しばた いくひで
［ディレクター／構造］

1962年生まれ。茨城大学工学部建設工学科を卒業後、類設計室に入社。96年アラップ東京事務所に入社。2004年から13年まで同東京事務所の構造部門リーダー、14年から20年までビルディングエンジニアリングリーダーを務める。「豊田スタジアム」(愛知県豊田市)で02年にJSCA賞、「Ribbon Chapel」(広島県尾道市)で15年に日本構造デザイン賞などを受賞。最近では、「東京アクアティクスセンター」(東京都江東区)などに携わる。

松延晋｜まつのぶ すすむ
［アソシエイトディレクター／ファサード］

1987年、東京理科大学大学院建築学専攻修了後、日本板硝子に入社。日本板硝子D&Gシステムの設立などに携わった後、2005年アラップ東京事務所に入社。ファサードエンジニア部門のリーダーを務める。これまで「グラントウキョウ ノースタワー／サウスタワー」(東京都千代田区)、「台中国家歌劇院」(台湾)など多数の建物で設計やアドバイザリーを担う。現在進行中の「虎ノ門ヒルズ ステーションタワー」(東京都港区、23年完成予定)、「歌舞伎町一丁目地区開発計画(新宿TOKYU MILANO再開発計画)」(東京都新宿区、22年度完成予定)にも携わる。19年から東京電機大学大学院非常勤講師を務める。

城所竜太｜きどころ りょうた
［アソシエイトディレクター、ビルディングエンジニアリングチームリーダー／構造］

1998年米国Cornell University Civil Engineeringを卒業後、米Thornton Tomasetti Engineersに入

社。2000年アラップ東京事務所に入社。13年から同社東京事務所の構造部門リーダー、21年からビルディングエンジニアリングリーダーを務める。「Nicolas G. Hayek Center（ニコラス・G・ハイエック センター）」（東京都中央区）で08年にJSCA賞を受賞。その他、「犬島精錬所美術館」（岡山市）、「大分県立美術館」（大分市）、「直島ホール」（香川県直島町）、「おりづるタワー」（広島市）などに携わる。13年から慶応義塾大学非常勤講師を務める。

佐々木仁 | ささき ひとし
［アソシエイト、洋上風力リーダー／再生可能エネルギー］
早稲田大学理工学部建築学科卒業後、1993年アラップ東京事務所に入社。93年から同社ロンドン事務所、97年から同社東京事務所に勤務。2002年以降は東京事務所でファサードエンジニア部門の立ち上げを担う。これまで「大阪国際会議場（グランキューブ大阪）」（大阪市）、「モード学園スパイラルタワーズ」（名古屋市）、「Burj Al Alam（ブルジュ・アル・アラム）」（アラブ首長国連邦・ドバイ）などに携わる。17年以降は、アラップの欧州洋上風力市場での実績を導入し、洋上風力リーダーとしてアラップUKおよび香港事務所のEnergy & Maritime Teamと共に国内の洋上風力プロジェクトに取り組んでいる。

編著者

菅原由依子 | すがわら ゆいこ
［日経BP 日経クロステック／日経アーキテクチュア副編集長］
1982年生まれ。2007年東京工業大学大学院社会理工学研究科社会工学専攻を修了後、日経BPに入社。環境経営誌「日経エコロジー」、外食経営誌「日経レストラン」、健康情報誌「日経ヘルス」の編集記者を経て、14年から建築専門誌「日経アーキテクチュア」を担当。著書に「名建築が生まれる現場」、編著に「安藤忠雄の奇跡 50の建築×50の証言」「平成建築史」、編書に「隈研吾建築図鑑」など。

本書は、「日経クロステック」（https://xtech.nikkei.com）とその前身の「日経アーキテクチュア・ウェブ」「ケンプラッツ」にて掲載してきた連載「アラップ・トータルデザインの舞台ウラ」の記事に、書き下ろしを加えて再編成した。

ARUPの仕事論

2022年1月31日 初版第1刷発行

［著者］
アラップ＋日経アーキテクチュア
—
［編者］
菅原由依子
日経クロステック／日経アーキテクチュア
—
［発行者］
吉田琢也
—
［発行］
日経BP
—
［発売］
日経BPマーケティング
〒105-8308
東京都港区虎ノ門4-3-12

［装丁・デザイン］
刈谷悠三＋平川響子
neucitora
—
［印刷・製本］
図書印刷株式会社
—
ISBN 978-4-296-11109-1
©Arup, Nikkei Business Publications, Inc. 2022
Printed in Japan